Die Welt erleben in Europa

Lagune, Safari,
Outback & 57 weitere
überraschende Ziele

BRUCKMANN

Inhaltsverzeichnis

Technik, Sport & Abenteuer

Exklusiv, romantisch & verrückt

Küste, Strand & Inselträume

Architektur, Kunst & Design

Spirituell & inspirierend

Abenteuer urban

KANARISCHE INSELN
ATLANTISCHER OZEAN
La Palma
Teneriffa
Santa Cruz de Tenerife
La Gomera
El Hierro
Las Palmas de Gran Canaria
Gran Canaria
32
Isla Graciosa
Lanzarote
42
Arrecife
Fuerteventura
Puerto del Rosario
0
50 km
Reykjavík
ISLAND
Färöer (DK)
Shetland-Inseln (GB)
Rockall (GB)
Äußere Hebriden
Orkney-Inseln
Isle of Skye
Aberdeen
Glasgow
Edinburgh
Achill Island
Belfast
IRLAND
29
Dublin
GROSS-
35
Manchester
Birmingham
BRITANNIEN
London
ATLANTISCHER
Ärmelkanal
7
Kanal-Inseln
Le Havre
59
Paris
Seine
Orléans
Nantes
Loire
FRANKREICH
OZEAN
46
Gijón
Bordeaux
Golf von Biscaya
25
Garonne
Biarritz
Toulouse
ANDORRA
Porto
Ebro
Duero
Coimbra
SPANIEN
22
Madrid
Tajo
Lissabon
58
Barcelona
PORTUGAL
Guadiana
Valencia
4
Mallorca
Menorca
51
Ibiza
Sevilla
2
Alicante
Balearen
Madeira
Málaga
Cádiz
49
Gibraltar
MITTEL-
Algier
Rabat
Oran
MAROKKO
ALGERIEN
Casablanca
0
300 km

Nordkap
Hammerfest
Vesterålen
Barentsee
Tromsø
Murmansk
Lofoten
Narvik
Halbinsel Kola
Weißes Meer
Europäisches Nordmeer
Rovaniemi
Archangelsk
Luleå
Bottnischer Meerbusen
Trondheim
FINNLAND
Onegasee
NORWEGEN
SCHWEDEN
Petrosawodsk
Ladogasee
Bergen
Mora
Wolgoda
Aland
Helsinki
Oslo
Sankt Petersburg
Uppsala
Stavanger
Stockholm
Tallinn
Rybinsk
Rybinsker Stausee
Gorkier Stausee
ESTLAND
Nowgorod
Saaremaa
Skagerrak
Gränna
Pskov
Twer
Wolga
Nishnij Nowgorod
Kattegat
Gotland
LETTLAND
Oka
Riga
Moskau
Öland
Ostsee
Daugava
Kopenhagen
LITAUEN
DÄNEMARK
Nordsee
Bornholm
Witebsk
Smolensk
Rügen
Vilnius
RUSS.
Gdansk
RUSSLAND
Hamburg
Minsk
NIEDERLANDE
Amsterdam
DEUTSCHLAND
POLEN
BELARUS
Woronesch
Hannover
Elbe
Oder
Berlin
Kursk
Rotterdam
Rhein
Potsdam
Poznań
Warschau
Düsseldorf
Weser
Köln
Kiew
Charkov
Don
Frankfurt
Prag
Weichsel
UKRAINE
Dnepr
Krakau
Nürnberg
TSCHECHIEN
Donezk
Dnipropetrowsk
Donau
Straßburg
SLOWAKEI
Rostow
München
Bodensee
Wien
Bratislava
MOLDAU
SCHWEIZ
Kischinau
Cherson
Asowsches Meer
Bern
ÖSTERREICH
Budapest
UNGARN
Odessa
Balaton
RUMÄNIEN
Krim
Gardasee
SLOWENIEN
Ljubljana
Brasov
Mailand
Venedig
Po
Zagreb
Sewastopol
Jalta
KROATIEN
Bukarest
Schwarzes Meer
SAN MARINO
BIH
Belgrad
Constanta
MONACO
Pisa
Sarajevo
Donau
Florenz
SERBIEN
Varna
Adriatisches Meer
BULGARIEN
Elba
ITALIEN
Burgas
KOSOVO
Sofia
Samsun
Korsika
Rom
Skopje
Istanbul
NORD-MAZEDONIEN
Neapel
Bari
Tirana
Ankara
Kizilirmak
Ponza
ALBANIEN
Thessaloniki
Sardinien
Tyrrhenisches Meer
GRIECHENLAND
TÜRKEI
Liparische Inseln
Ägäisches Meer
Izmir
Adana
Ionisches Meer
MEER
ATHEN
Antalya
Tunis
Sizilien
Demre
TUNESIEN
MALTA

Die Welt erleben in Europa

SEHNSUCHTSZIELE GLEICH NEBENAN

Wir alle träumen von fernen Zielen, außergewöhnlichen Erlebnissen und wilden Landschaften, von Abenteuer und Romantik. Aber Hiergeblieben, soll das jetzt die neue Reiselust sein? Viel- und Weitfliegen reduzieren, CO_2-Ausstoß minimieren, auf globale Mobilität verzichten, den ökologischen Fußabdruck schrumpfen, der Natur, dem Klima zuliebe, was exotisches Reisen in weite Ferne abrücken lässt.
Wobei Reisen ja mehr als nur möglichst weit weg bedeutet. Der berühmte Autor der *Schatzinsel* Robert Louis Stevenson schaffte es um die Welt und bis nach Samoa, allerdings weitgehend emissionsfrei, unter Segeln. Zum Thema hielt der kosmopolitische Schotte 1879 fest: »Ich für meinen Teil, ich reise nicht, um irgendwohin zu fahren, sondern um zu fahren. Ich reise um des Reisens Willen.« Anders formuliert: »Der Weg ist das Ziel.« Die philosophische Mahnung stammt von Konfuzius, die nicht nur Reisenden Orientierung bietet. Den tieferen Sinn, im Hier und Jetzt glücklich zu sein, nicht nach den Sternen zu greifen, im Bayerischen Wald statt in Alaska durch wilde Natur zu streifen, hat uns die epidemische Zwangspause im besten Fall nachhaltig erklärt.
Für die Mehrheit derjenigen, für die leicht zu erreichende Destinationen angesagt waren, vorzugsweise per Bike, zu Fuß oder im Auto, mag die Erkenntnis gereift sein, dass man für großartige Erlebnisse gar nicht um den Globus jetten muss. Sie sind hier, in Deutschland und Europa, zwischen den Gärten des Südens und dem eisigen Polarkreis, den Urwäldern im Nordosten und der Wüste im Südwesten. Wir begegnen den größten Raubtieren des Kontinents, wandern in schwindelnden Höhen und auf unglaublichen Konstruktionen, springen in tiefe Schluchten, schnorcheln und tauchen zu Korallenriffen, gehen auf Safari. Geübte Gourmets holen sich frische Austern selbst

aus dem Meer, die Seele trifft auf inspirierende Orte voller Magie, wir tanzen Tango und auf dem Vulkan, was beides für sich schon ein Abenteuer ist.

Natürlich lässt sich der Vergleich mit exotischer Weltenferne nicht eins zu eins umsetzen. Weder in Anbetracht genannter Destinationen noch in der Art ortsgebundener Aktivitäten: Surfen bei 29 Grad warmem Wasser vor Hawaii mit Blick auf sonnige Palmenstrände ist ein anderer Kick als vor Sylts Westerland in tosender See. Und na klar bleibt im europäischen Winter prima Klima woanders das viel bessere Thema.

Und dennoch: Auf Bären-Pirsch in Nordamerika gehen ist aufregend, aber auch in den urigen Wäldern Sloweniens möglich. Nach Kalifornien zum Wine-Tasting fliegen? Klingt erst mal gut, wobei der Rheingau mit herrlichen Riesling-Lagen, uralten Kellern, historischen Schlössern und junger Weinkultur greifbar nahe am Rhein-Main-Airport zu finden ist. Zur Street-Art- und Designtour nach Miami reisen? Auch wirklich cool, dabei hat Paris eine unglaubliche Street-Art-Szene zu bieten und ist mit dem TGV schnell und preiswert zu erreichen.

Eben das sollen die folgenden 60 Kapitel zeigen: eine Welt voller Wunder, zwischen Nordpol und Ätna, Biarritz und Helsinki – ohne in weite Fernen zu reisen, was nachhaltig ist, genug aufregend und sich schon deshalb wie ziemlich weit weg anfühlt.

»Willst Du immer weiter schweifen,
sieh, das Gute liegt so nah.
Lerne nur das Glück ergreifen,
denn das Glück ist immer da.«
Goethe

Naturphänomene

DEUTSCHLAND

New England im Schweinewald

INDIAN SUMMER IN NORDHESSEN

Restbestände urwüchsiger Eichen- und Buchenwälder, die es Ende des 18. Jahrhunderts in der märchenhaften Welt der Brüder Grimm gegeben hat, finden sich heute noch – ihr Lebensalter rangiert zwischen 300 und 1000 Jahre! Schwein gehabt, könnte man sagen – denn die archaischen Baumriesen sind das Vermächtnis der Schweine. In Wälder wie diese trieben Bauern früher die Dorfschweine, die sich an Eicheln, Kastanien und Bucheckern satt fraßen. Nach dem Ende der Waldweidemast Anfang des vorigen Jahrhunderts sind aus den ungenutzten Hutewäldern regelrechte Urwälder geworden, deren Areale heute meist unter Naturschutz stehen und wie Grimms Märchen- und Sagenwelt als urige Mahnmale aus einer anderen Zeit wirken. Im Naturpark Kellerwald-Edersee nahe Bad Wildungen ist so ein naturnaher Altwald zu bewundern. Ein Teil seines Baumbestands zählt so viele Lenze, dass eigens dafür ein gesonderter Nationalpark innerhalb des Naturparks kreiert wurde, der es auf die Liste des Weltnaturerbes der UNESCO geschafft hat. Gleich nebenan schlummert ein früherer Hutewald mit dem seltsamen Namen »Halloh« im Dornröschenschlaf. Im 200 Quadratkilometer großen Reinhardswald, einem spektakulär ursprünglichen Waldgebiet zwischen Bad Karlshafen und Hannoversch Münden, stehen mystische Hute-Eichen und Buchen als mächtige Antagonisten einer zauberhaft anmutenden Landschaft, und tatsächlich, eine der wenigen Straßen, die durch das weitflächige Gebiet ehemaliger Hutewälder führen, ist die Deutsche Märchenstraße. Mittendrin residiert der Urwald Sababurg, einst als Hutewald angelegt, der als Hessens ältestes Naturschutzgebiet schon seit 1907 unter Schutz steht. Ganz und gar grimmgemäß, also schon märchenhaft, wirkt das Dornröschenschloss Sababurg, das 1334 erbaut wurde und ebenso alte Baumriesen um sich herum versammelt. Als Naturlehrpfad führt der »Knorreichenstieg« über den Urwaldsteig und den Kellerwaldsteig durch fantastische Wälder

Die vollständig erhaltene Burganlage Schloss Waldeck aus dem 11. Jh. (unten) thront über dem Edersee und begeistert Besucher des Naturparks Kellerwald-Edersee mit seinen uralten Wäldern (oben).

mit bis zu 1000 Jahre alten, eigenwillig gewachsenen Eichen, vorbei an Felshängen mit beängstigenden Einblicken in tiefe Schluchten. Auf 156 Kilometern führt der »Kellerwaldsteig« Wanderer an der Bärenmühle vorbei durch den Nationalpark Kellerwald-Edersee, der einen der letzten großen naturnahen und von Straßen und Siedlungen unzerschnittenen Buchenwald-Bestände Mitteleuropas schützt – Luchs, Wildkatze, Rothirsch und Schwarzstorch inklusive. Wer die urwüchsigen Laubwälder Nordhessens im Herbst durchstreift, wird allenthalben auf Märchenhaftes oder auch ganz und gar reale Trugbilder stoßen, begehbare Landschaftsgemälde, speziell in der Farborgie des Herbstlaubs mit Indian Summer vom Feinsten: Den Schweinen sei Dank, was man sonst nur in Neuenglands Vermont oder New Hampshire so unfassbar schön kennt.

NACHERLEBEN

Die nächstgelegenen Städte Kassel, Waldeck und Bad Wildungen sind über die A 7 sowie per Bahn gut zu erreichen. Die mittelalterliche Höhenburg Schloss Waldeck, die mit dem Edersee per Seilbahn verbunden ist, bietet einen grandiosen Blick über die Wald- und Wasserlandschaften des Nationalparks Kellerwald-Edersee.
www.naturpark-kellerwald-edersee.de und www.naturpark-reinhardswald.de

In Nordhessens Laubwäldern stehen urwaldliche Eichen und Buchen als Zeitzeugen einer anderen Zeit.

Think Pink in Alicante

DIE LAGUNE VON TORREVIEJA

Ein Bakterium und viel Salz, das sind die Zutaten für ein besonderes Naturphänomen, das man bei Alicante an der spanischen Mittelmeerküste findet: Ein ganzer See schimmert hier rosa.
Wie beim berühmten Salzsee von Uyuni in Bolivien lockt die Lagune von Torrevieja mit leuchtendem Pink – die mit ihr verbundene Lagune von La Mata leuchtet dagegen grün. Bereits 1996 wurden sie als zusammenhängender Salzsee zum Naturschutzgebiet erklärt und zählen zu den wichtigsten Feuchtgebieten Europas – mit mehr als 3700 Hektar Fläche, einem außergewöhnlichen Klima und ebensolcher Flora und Fauna. Woher aber kommt die spezielle Farbe? Das Meeresbakterium *Dunaliella salina* setzt ein rosa Pigment im Wasser frei, das sich durch seine hohe Salzkonzentration von bis zu 350 Gramm Salz pro Liter Wasser auszeichnet. Eigentlich können Pflanzen in diesem Salzwasser nicht überleben. Doch einige Arten haben sich extrem gut an die besonderen Bedingungen angepasst. Und nicht nur Pflanzen haben das Salzparadies für sich entdeckt – auch Vögel, darunter rosa Flamingos, finden hier einen idealen Lebensraum. Über hundert Vogelarten brüten an den Lagunen von Torrevieja. Für Ornithologen ist der Salzsee ein spannendes Revier.
Als Naturschutzgebiet ist die rosa Lagune von Torrevieja allerdings kein Badeplatz. Obwohl der Salzgehalt dem des Toten Meeres ähnelt, bleibt die Welt des Salzsees Naturliebhabern vorbehalten und als Lebensraum für besondere Tiere und Pflanzen geschützt. Allerdings wird er auch wirtschaftlich genutzt: Weiße Berge künden davon, dass hier mehr als eine halbe Million Tonnen Salz pro Jahr produziert werden.

NACHERLEBEN

Die beste Zeit für einen Besuch der Lagune von Torrevieja ist der Spätsommer, wenn die Farben des Wassers ein intensives Rosa erreichen. Und damit nicht genug: Von Mitte August bis Ende September kann man über 2000 rosa Flamingos erleben, die zum Brüten hierherkommen.
https://turismodetorrevieja.com

Die pinkfarbenen Salzfelder schimmern in der Sonne – sie sind Lebensraum für unzählige rosa Flamingos.

Deutschlands »Down Under«

ABENTEUER UNTERWELT TROPFSTEINHÖHLEN

Sie sind riesig und zählen zu den schönsten der Welt: die Cango Caves bei Oudtshoorn in Südafrika. Allein die Van-Zyl-Halle ist 70 Meter lang, 35 Meter breit, bis zu 17 Meter hoch und fasst 1000 Personen! Allerdings funktioniert unterirdisch auch wunderbar hier: Zum Beispiel im Geopark Schwäbische Alb, wo in der Wimsener Höhle die einzige per Boot befahrbare Wasserhöhle Deutschlands existiert! Schon im 15. Jahrhundert wurde sie entdeckt und ist seit einem Besuch Herzog Friedrichs II. im Jahr 1803 ein Publikumsmagnet. Nicht weit entfernt bietet auch die Falkensteiner Höhle ein Abenteuer unterirdischer Wasserläufe, das nur mit Genehmigung und unter sachkundiger Führung zu haben ist. Im Herbstlabyrinth Breitscheid im Westerwald führen über hundert Stufen in die Unterwelt zu den größten Tropfsteinformationen Hessens, die sich dank innovativer LED-Beleuchtung auf zwölf gespenstischen Kilometern durchs Gestein ziehen. Die schönsten und größten Tropfsteinexemplare Deutschlands findet man in der Attahöhle in Attendorn an der Biggetalsperre. Das Höhlenwunder weist eine Gesamtlänge von 6670 Metern aus, die nur zu einem Teil öffentlich begehbar sind. Im Harz veranstaltet der Höhlenort Rübeland in der Hermannshöhle und der 1536 entdeckten Baumannshöhle unterirdisches Spektakel. Letztere bietet mit dem »Goethesaal« eine Stalagmit-Bühne, auf der zahlreiche Veranstaltungen stattfinden. Ebenfalls auf der Liste: die Barbarossahöhle am Kyffhäuser sowie die Saalfelder Feengrotten in Thüringen, wie auch die Sophien- und die Binghöhle in der Fränkischen Schweiz.

NACHERLEBEN

Unbedingt abtauchen: Mit einer Länge von 3 km zählt die Teufelshöhle von Pottenstein zwischen Nürnberg und Bayreuth zu den beliebtesten Tropfsteinhöhlen Deutschlands. Highlights sind die Nibelungengrotte mit ihren beeindruckenden Sintersäulen sowie der nach Kaiser Barbarossa benannte Stalagmit im sogenannten Barbarossadom.
www.pottenstein.de

Für Höhlen-Freaks das ideale Terrain: die Falkensteiner Höhle (links oben), die Wimsener Höhle (rechts oben) und die Teufelshöhle bei Pottenstein (unten)

Auf Pirsch in der »Dehesa«

SAFARI IN SÜDSPANIENS SERENGETI

Aus der Vogelperspektive zeigen sich Trockensavannen, die ein grünes Gesprenkel sattgrüner Baumkronen bis zum Horizont durchzieht. Schroffe Felsformationen und klobige Steinquader erheben sich aus einer unwirklich schönen Landschaft, hier und da signalisieren glitzernde Wasserflächen Leben wie im hitzebrütenden afrikanischen Busch. Es ist die Serengeti Südspaniens, wie Einheimische zur landschaftlichen Erscheinungsform ihrer Dehesa sagen. Deutlich sind die zahlreichen grünen Farbtupfer beim Anflug als Stein- und Korkeichen zu identifizieren, deren lockerer Bewuchs schon auch mal geschlossene Waldgebiete auf die Beine bringt, in denen sich heimische Tierwelt versteckt. Je nach Jahreszeit und Niederschlagsmengen verwandeln sich die afrikanisch anmutenden Savannen, kurz zuvor noch verdorrte Ebenen, in saftstrotzende Wildwiesen, auf denen eine sattgrüne Vegetation sprießt. Die unermesslich großen Regionen der spanischen Dehesa reichen von der Extremadura an der portugiesischen Grenze bis in den Südwesten Spaniens und sind ein einzigartiges Habitat für selten gewordene Spezies einer besonderen Tierwelt. Beispielsweise den iberischen Luchs, dessen Bestand beinahe schon dem Untergang geweiht war, aber auch für Otter, Wildschweine, Rothirsche, Mangusten, Rotfüchse sowie Haus- und Zuchttiere wie Ziegen, Rinder, Marinoschafe und Kampfstiere, die hier für den spanischen Nationalsport gezüchtet werden. Wenn der seltene Wiedehopf vor der Bruthöhle in luftiger Höhe mit flatterndem Flügelschlag zur Fütterung der Brut ansetzt und der giftblau gefiederte Eisvogel beim Fischfang in den Sturzflug geht, kommen fernglasbewehrte Vogelbeobachter voll auf ihre Kosten. Erst recht bei Sichtung selten gewordener Arten wie Weißstorch, Zwergtrappe, Buntspecht, Waldkauz und der vom Aussterben bedrohten Schleiereule. Majestätisch ziehen Schlangenadler, Habicht- und Kaiseradler, Gänse- und Rabengeier auf der Suche nach Beute ihre Runden. Aufgrund ihrer enormen

In den weitläufigen Ebenen der spanischen Dehesa fühlen sich Wildschwein (oben rechts) und der seltene iberische Luchs (oben links) wohl. Jenseits der zinnenbesetzten Stadtmauern Ávilas (unten) wartet ein Architektur- und Kunstschatz aus dem 16. Jahrhundert.

Flügelspannweite produzieren Letztere sowohl im freien Flug als auch bei der Landung die grandiosesten Bilder! Wenn sich nach heißen Sommern und langen Dürreperioden im Herbst lautstark die Rothirsche duellieren, sind Regen und Abkühlung nicht mehr weit. Sprudelnde Bäche füllen Frischwasserteiche, aus verdorrter Landschaft wird erneut Grün, tonnenweise fallen gereifte Eicheln zu Boden – jetzt kommt die Zeit des Überschwangs. In großen Schwärmen fliegen Kraniche aus dem Norden Europas ein, um sich an Eicheln satt zu fressen und zu pausieren oder gleich ganz hier zu bleiben. Auf die nahrhaften Eicheln haben es auch die iberischen Zuchtschweine abgesehen, die zur Reifezeit in die Dehesa eingetrieben werden. Den zahlreichen Stein- und Korkeichen ist der köstliche iberische Schinken Jamón Ibérico de bellota zu verdanken.

NACHERLEBEN

Ein guter Ausgangspunkt für eine Reise durch die Landschaften der spanischen Dehesa ist die Stadt der Heiligen Teresa von Ávila. Das historische, aber fast vergessene Juwel residiert in der Sierra de Gredos auf 1128 m und ist seit 1985 Weltkulturerbe der UNESCO. Ávila zählt zu den Top-Zielen Zentralspaniens.
www.avilaturismo.com

Kork- und Steineichen prägen die »iberische Serengeti«, die savannenähnliche Dehesa.

DEUTSCHLAND

Höhenrausch Baumwipfelpfad

»HIPP« IST'S NUR IM BLÄTTERDACH

Weltweit sind Seil- und Wackelbrücken, Balancierbalken, Plattformen und fragile Laufstege zu hölzernen Türmen sowie allerlei andere schwankende Zutaten praktisch wie auf Bäumen gewachsen: in Form von Erlebnis- und Baumwipfelpfaden, die es vorher nicht gab; in den letzten zehn Jahren auch in Deutschland. Solcherlei Experimente in luftiger Höhe setzen allerdings ein gewisses Maß an Schwindelfreiheit sowie die Abwesenheit von Höhenangst voraus. Zum Beispiel in Neuschönau im Bayerischen Wald, wo sich so ein Pfad auf einer Länge von 1000 Metern durch die Baumkronen zieht. Absolutes Highlight ist Neuschönaus Baumturm, der mit 40 Metern Höhe noch weit über den meisten Wipfeln steht. Gleich nebenan bietet ein Tierfreigelände auf 200 Hektar und einem sieben Kilometer langen Rundweg die Chance, hier einst ansässige Tiere wie Luchse, Wisente, Braunbären und Wildschweine zu sehen.

Bei Cloef an der Saar führt die über 40 Meter hohe Plattform des 1250 Meter langen Baumwipfelpfades durchs Blätterdach gewaltiger Eichen und Buchen. Speziell konzipierte Lern- und Erlebnisstationen laden dazu ein, den heimischen Wald zu entdecken. Der Kletterwald Neroberg auf der Taunushöhe über Wiesbaden bietet nicht nur berauschende Ausblicke bis nach Mainz hinüber, sondern auch kreative Schwierigkeitsstufen. Auf 1250 Meter Länge schafft es der Baumwipfelpfad Schwarzwald in Bad Wildbad mit einer 600 Meter langen Rampe, die in schwindelerregender Höhe in einen 38,5 Meter aufragenden Aussichtsturm führt.

NACHERLEBEN

Auf einer Höhe zwischen 4 und 17 m windet sich der Baumwipfelpfad im Naturerbe Zentrum Rügen durchs Blätterdach. Der Adlerhorst, ein 40 m hoher Turm, bietet eine grandiose Sicht über die Insel, den Jasmunder Bodden und die Ostsee. Highlight ist die 52 m lange Tunnelrutsche mit Einstieg auf einer 19 m hohen Plattform.
www.baumwipfelpfade.de

Schwindelfrei sollte man angesichts solcher Konstruktionen schon sein: Baumwipfelpfad Neuschönau (links oben), Rutsche des Baumwipfelpfades in Bad Wildbad (rechts oben), unten der Baumwipfelpfad Saarschleife.

Gorges du Verdon: Europas Grand Canyon

SCHÖN IST'S, WO DER GEIER KREIST

Steter Tropfen höhlt den Stein. Das gilt besonders beim Grand Canyon, der steilen, etwa 450 Kilometer langen Schlucht im Norden des US-Bundesstaats Arizona, die der Colorado River in Millionen Jahren ins Gestein des Colorado-Plateaus gegraben hat. Europas größter Canyon kann zwar nur mit 21 Kilometern Länge aufwarten, aber auch er wurde von einem Fluss geschaffen: Der Verdon hat ihn zwischen dem kleinen Ort Castellane und dem See von Sainte-Croix tief in den Kalkfelsen gegraben.
Die Gorges du Verdon sind Europas größter Canyon, ein Naturwunder von außergewöhnlicher Schönheit. Bis zu 700 Meter hoch ragen weiße Felswände entlang der Schlucht auf. Frankreich hat sie 1990 zum Nationalpark erklärt. Der wilde türkisblaue Verdon, der sie durchzieht, wurde durch Staudämme mit fünf Stauseen gezähmt. Der schönste ist der 2200 Hektar große Lac Sainte Croix am Ausgang der Schlucht, mit karibisch anmutenden Stränden. Teile des Verdon kann man auch mit einem Boot befahren. Wildwasserfahrten sind in einem Bereich möglich, aber nicht ganz ungefährlich.
1905 durchwanderte der französische Höhlenforscher Edouard Alfred Martel als erster die Schlucht des Verdon. Nach ihm ist auf ihrer Nordseite der 18 Kilometer lange Martel-Wanderweg benannt, der vom Chalet de la Maline zum Point Sublime führt. Er ist etwas für trainierte, geübte Wanderer ohne Höhenangst, die gute Kondition und eine Taschenlampe mitbringen. Für Mutige gibt es zudem 1500 Kletterrouten in der Verdonschlucht, vom Anfänger bis zum Könner.

NACHERLEBEN

Dem außergewöhnlichen Verdon-Canyon hat Stararchitekt Norman Foster eine ebenso außergewöhnliche Architektur gewidmet: Das Musée de Préhistoire des Gorges du Verdon zeigt Europas größte Sammlung zur Ur- und Frühgeschichte.
www.museeprehistoire.com

Die Gorges du Verdon, Europas größte Schlucht, lassen sich gut aktiv erleben: beim Klettern (oben links), Wandern (unten) oder im Kayak (oben rechts).

80

Wer die Schlucht nicht zu Fuß oder per Boot erobern will, kann die Landschaft bei einer Rundfahrt mit dem Auto genießen: Die nördliche Route verläuft vom Bergdorf Moustiers-Sainte-Marie über La-Palud-sur-Verdon bis Castellane etwa 50 Kilometer entlang der Verdon-Schlucht. An der Straße finden sich immer wieder Aussichtspunkte: Der erste ist der Belvédère de Mayreste, gefolgt vom Col d'Ayen in 1032 Metern Höhe. Die Südroute trägt den Namen Corniche Sublime. Sie führt zum Balcons de la Mescla. Spektakulär ist der Blick in den Abgrund von der oberen Aussichtsterrasse. Sehenswert ist auch das Dorf Aiguines hoch über dem Lac de Sainte-Croix. Last, but not least bietet auch der Rundkurs von La Palud aus über die Kammstraße Route des Crètes fantastische Landschaftseindrücke.
Einer der beeindruckendsten Punkte jeder Fahrt ist der Pont de l'Artuby, die höchste Brücke in Europa, von der sich Mutige am Seil in die Tiefe stürzen. Wenn darüber die Geier kreisen, ist das kein böses Omen. Die Riesenvögel haben sich die Schlucht als Lebensraum erobert. Ende der 1990er-Jahre wurden die Gänsegeier hier ausgewildert. Sie sind die imposantesten Tiere des Nationalparks, werden bis zu einem Meter groß und erreichen eine Flügelspannweite von gut zweieinhalb Metern.

Beeindruckend wirken die hohen Felswände des »Grand Canyon« Europas beim Paddeln im kleinen Boot.

JT

Kanalinseln oder Nova Scotia?

WENN SCHON EBBE, DANN RICHTIG

Es ist gemütlich am Mittag im Hafen von St. Peter Port auf Guernsey. Auf den Terrassen der vielen kleinen Restaurants sitzen Gäste und essen Fisch und Meeresfrüchte. Segelyachten und kleine Motorschiffe liegen in der Bucht – allerdings nicht im Wasser, sondern auf dem Meeresgrund. Denn das Meer ist weg. Kein Wasser ist zu sehen. Es ist Ebbe. Wer nicht mit dem Gezeitenstrom losgesegelt ist, bleibt auf dem Trockenen, und zwar für viele Stunden. Denn nirgends in Europa ist Ebbe ein so ernst zu nehmendes Phänomen wie auf den britischen Kanalinseln und um den Mont Saint Michel im Golf von Saint Malo.

Der Tidenhub, wie der Unterschied zwischen dem Wasserstand bei Ebbe und Flut heißt, erreicht am Mont Saint Michel 15 Meter. Auf den britischen Kanalinseln sind es immerhin zwischen zehn und 13 Meter. Den Weltrekord hält die Bay of Fundy zwischen den kanadischen Provinzen Nova Scotia und New Brunswick am Golf von Maine: Sie zeichnet sich durch den außergewöhnlichen Tidenhub von bis zu 21 Metern aus. Etwa 60 Kilometer Meeresboden gibt die See dort bei Ebbe frei. Dagegen ist das Phänomen Ebbe im Hafen von St. Peter Port relativ harmlos, da ist das Wasser keine zehn Kilometer weit weg.

Das Trockenfallen kann man jedenfalls genießen, sagen die Segler, die fürs Erste auf der Terrasse des feinen »Le Nautique« Platz genommen haben. Sie warten auf das Wasser. Und das kehrt pünktlich zurück. Jeden Tag verschiebt sich seine Rückkehr um ein paar Minuten, aber danach kann man buchstäblich die Uhr stellen. Ohne Tidenplan ist das Leben auf Jersey oder auf Guernsey mit seinen bewohnten Nachbarinseln Sark, Alderney oder Herm nicht denkbar. Die Gezeiten bestimmen, wann Fähren fahren, wann man baden kann, und sie können die Segler im Hafen festhalten.

Das Phänomen des großen Tidenhubs lässt sich auf allen Kanalinseln erleben. Zwölf Meter beträgt der Unterschied zwischen Ebbe und Flut an den Klippen von St. Helier, der Hauptstadt Jerseys. Auch auf der Insel Guernsey variiert der Wasserstand stark,

Gemütliche Shoppingtour in der High Street St. Peter Port (oben links). Bei Ebbe liegen die Boote im Hafen von St. Peter Port auf dem Trockenen (oben rechts), bei Flut füllen sich die Naturpools auf Guernsey frisch (unten).

in St. Peter Port um etwa zehn Meter. Hier kann man auch bei Ebbe baden gehen, wenn auch nicht im Meer: Für Badenixen füllt die Flut die La Valette Bathing Pools – Swimmingpools auf den Klippen. Und gleich zwei natürliche Badebecken gibt es auch auf der Felseninsel Sark: Das Wasser des Venus Pool und des Adonis Pool wird bei jeder Flut ausgetauscht.
Der romantischste Ort, um das Spiel der Gezeiten zu erleben, ist eine der sandigen Buchten an der Westküste Guernseys, etwa die Cobo Bay. Die »Cobo Fish Bar« bietet Fish and Chips zum Mitnehmen an den Strand. Viele Insulaner bringen sich zum Sonnenuntergang Wein mit, holen sich ein paar leckere Snacks und schauen zu, wie die Flut die Bucht füllt oder die Ebbe den Strand nach und nach freilegt.

NACHERLEBEN

Von St. Peter Port auf Guernsey lohnt ein Ausflug mit der Fähre zur kleinen Insel Herm, die man nur zu Fuß erkunden kann. Hier gibt es Strände mit karibischem Flair wie den Shell Beach. Achtung bei Ebbe: Ist der Hafen von Herm ohne Wasser, fährt das Schiff vom Anleger in Rosaire Steps zurück.
www.kanalinseln-info.de

Wandern am Wasser – das geht nur bei Flut. Bei Ebbe zieht sich das Meer kilometerweit aus der Bucht zurück.

Outback-Feeling im Pfälzerwald

WO DER TEUFEL ZU TISCH BITTET

Er ist ein Wahrzeichen der Pfalz, einer der markantesten Felsen Europas, der Teufelstisch von Hinterweidenthal. 14 Meter hoch, geschätzte 284 Tonnen schwer und die »Tischplatte«, die drei bis vier Meter dick ist, misst um die 50 Quadratmeter. Seit Millionen Jahren ruht sie auf einem rund zehn Meter hohen Felsfuß. Man fühlt sich ans australische Outback erinnert, wo Siedler Felsen im Northern Territory als Teufelsmurmeln, als *Devils Marbles*, bezeichneten. Die Aborigines nennen sie *Karlu Karlu*, die Felsen sollen Eier der Regenbogenschlange sein. Tatsächlich verdanken sie ihre Entstehung aber der Verwitterung, der der Granit ausgesetzt war.

NACHERLEBEN

Der Landgasthof »Am Teufelstisch« bietet direkt am Erlebnispark Zimmer und echte Pfälzer Küche. Auch wenn der Premiumwanderweg Hinterweidenthaler Teufelstisch-Tour einen komplizierten Namen hat, ist er gut für nicht so geübte Wanderer geeignet.
www.urlaubsregion-hauenstein.de/aktiv/wandern/premiumwandern/hinterweidenthaler-teufelstisch-tour

Der Pfälzer Teufelstisch entstand mit Bildung der ersten Sandsteinschichten vor 250 Millionen Jahren. Auch er verdankt seine heutige Gestalt der Erosion, die im Laufe von Erdzeitaltern wirkte. Der steinerne Pilz steht übrigens auf einem 312 Meter hohen und gut zwei Kilometer langen Bergrücken. Er ist der größte seiner Art, hat aber noch mehr als 20 kleinere Brüder im Pfälzerwald, der zum größten zusammenhängenden Waldgebiets Mitteleuropas gehört. Andere markante Felsen in der Nähe, um die sich Legenden ranken, sind die Teufelsschmiede und die Teufelsküche.

Für Faule ist der diabolische Steintisch ganz einfach zu erreichen – mit dem Auto kann man in der Nähe parken. Deutlich mehr von der Landschaft erlebt man wandernd, auf der Hinterweidenthaler Teufelstisch-Tour. Und auch Kletterer sind willkommen: Schon durch sein Gewicht ist der Felstisch äußerst stabil, deshalb darf er auch erklommen werden.

Großartige Felsformationen findet man am Rappenfels bei Hinterweidenthal (oben links) oder am Altschlossfelsen bei Eppenbrunn (oben rechts). Besonders der Teufelstisch beeindruckt die Besucher (unten).

Wildnis, Wagnis, wilde Tiere

Vogelparadies Darß-Zingst-Pramort

BIRDWATCHING IM FISCHLAND

Zwischen Graal-Müritz, dem Leuchtturm Darßer Ort und Pramort ist die Halbinsel mit dem merkwürdigen Namen Fischland-Darß-Zingst nicht nur für Biker, sondern auch für »Birdwatcher«, also für Vogelbeobachter, ein maritimes Wunderland. Um das auch wirklich zu verstehen, sollte der Besucher unbedingt die 142 Stufen zur Plattform des 35 Meter hohen Leuchtturms »Darßer Ort« hinaufsteigen, um den 360-Grad-Rundumblick ins aquatische Paradies zu genießen. Der reicht bei klarer Sicht bis nach Hiddensee hinüber, wo es auch ziemlich viele Vögel und Schafe, aber keine Autos gibt.

Die gesamte Halbinsel ist umgeben von Wasser, was das Meeresmuseum »Natureum« gleich neben dem Leuchtturm so unabdingbar macht. Genau wie die abschließende Einkehr ins Leuchtturm-Café, das mit köstlichen Kuchen und Torten lockt. Östlich von diesem weit ins Meer ragenden Darßer Eck zieht sich der Nationalpark Vorpommersche Boddenlandschaft als einzigartige Küstenlandschaft zwischen dem beliebten Seebad Zingst bis zur äußersten Spitze Pramort, der gar kein richtiger Ort ist. Zu DDR-Zeiten fungierte das riesige Territorium als weitläufiger Truppenübungsplatz, weshalb das Areal bis heute weitgehend naturbelassen ist. Auf der Landseite der Halbinsel zeigen weite Brackwasserflächen eine liebliche Boddenlandschaft aus Seen mit Salzgraswiesen und romantischen Uferregionen, was ein ideales Terrain für eine außergewöhnlich reichhaltige Vogelwelt ist, die zwischen dicht gewachsenem Schilfgras Schutz und Nahrung finden. Vor allem für Kraniche und andere Zugvögel-Spezies, die hier ungestört und beinahe am Ende der Welt Brutplätze, Zwischenlandung oder dauerhaft ihr Habitat finden. Im Frühherbst kann man hier auf riesige Schwärme treffen, manchmal sind es bis zu 40 000 Kraniche, die vor dem Flug in die Winterquartiere in dieser wohl schönsten Küstenregion Mecklenburg-Vorpommerns zum Energietanken verweilen. Wobei laut Vogelflug-

Ein Paradies für Biker und Liebhaber friesischer Impressionen: die Halbinsel Fischland-Darß-Zingst mit hübschen reetgedeckten Häusern (oben) und dem Leuchtturm Darßer Ort (unten)

forschung Zugvögel immer häufiger in ihren angestammten Fressgebieten bleiben, maximal bis Südeuropa und nach Nordafrika fliegen. Sicher sind tierische Verhaltensänderungen der Art weder mit Flugscham noch mit der Einsparung von CO_2-Ausstoß verbunden, was auf einer Strecke von rund 10 000 Kilometern ins Südliche Afrika schon eine Hausnummer hat. Nordische Winter sind milder geworden, Nährstoffaufnahme kann auch hier stattfinden, der Energieaufwand sowie drohende Gefahren auf kräftezehrenden Flügen rechnen sich nicht. Was auf Vogelbeobachter und Liebhaber aquatischer Naturwunder eben gleich zutreffen sollte, weil es das, was sie suchen, auf Fischland-Darß-Zingst und im Süden Europas reichlich gibt.

NACHERLEBEN

Zur Kranichbeobachtung nach Pramort gelangt man nur per Boot, zu Fuß oder mit dem Fahrrad. Am Ende der Halbinsel gibt es eine Beobachtungsstation mit Blick auf die traumhafte Boddenlandschaft des gleichnamigen Nationalparks. Um die Kraniche nicht zu stören, ist im Herbst eine Kranich-Card notwendig, die den Zutritt reglementiert.
www.zingst.de

Natur satt: fliegende Kraniche bei Sonnenaufgang im Nationalpark Vorpommersche Boddenlandschaft auf dem Zingst

Schlitten-Abenteuer wie in Alaska

HUSKY-TOUR AUF FINNISCH

Seit 10 000 Jahren sind Schlittenhund und Mensch ein Team. Grönlandhunde gelten als eine der ältesten Hundearten der Welt, ihre Nachfahren sind die Huskys und die Malamutes. In Alaska ist der Hundeschlitten Teil der normalen winterlichen Mobilität. In Europa ist das seltener der Fall. Außer im hohen Norden, in Norwegen, Schweden oder Finnland, nahe dem Polarkreis, wo der Winter lang und schneereich ist.
Eine Husky-Safari in Finnland führt tagelang durch die unberührte weiße Welt.
Ein Abenteuer, das einen definitiv aus der Komfortzone holt: Hier mehrere Tage mit dem Hundeschlitten unterwegs zu sein, das bedeutet, in Hütten, ohne Strom, fließend Wasser oder Bad zu übernachten. Doch der Verzicht lohnt sich. Die Herausforderungen sind nicht alltäglich. Schlittensafari ist Teamwork. Es gilt, natürlich unter Anleitung, einen Hundeschlitten mit vier bis sechs Hunden selbst zu führen und sich um Huskys und Gespann zu kümmern. Die Tiere füttern, den Schlitten packen – in eisiger Kälte.
Ein ideales Gebiet für eine Schlittensafari in Finnland ist die Region des Pallas-Ylläs-Nationalpark: Der Schlitten gleitet durch stille Winterlandschaften, am baumlosen Fjäll-Gebiet vorbei und über zugefrorene Seen und Flüsse. Ohne Fitness und Ausdauer geht es nicht: Je nach Wetter und Können legt man am Tag immerhin mehr als 25 Kilometer zurück.
Einen erfahrenen Schlittenführer und Tourguide dabeizuhaben, ist unerlässlich. Kein Navi weist den Weg, kein warmes Bett wartet am Abend. Dafür gibts Holzfeuer, Hütte und Schlafsack – und natürlich die Sauna. Schließlich ist man ja in Finnland.

NACHERLEBEN
Für mehrtägige Safaris, das intensivste und außergewöhnlichste Husky-Erlebnis, gibt es Pauschalangebote z. B. bei Wikinger Reisen. Auch direkt in Finnland sind Mehrtagestouren oder kurze Schlittenfahrten zu buchen. Das Angebot in Lappland ist groß. ***www.visitrovaniemi.fi***

Am Lagerfeuer wird sich zwischendurch aufgewärmt (oben links). Huskys sind perfekt an den Polarwinter angepasst. Als Schlittenhunde sind sie Partner und Gefährten der Menschen (oben rechts und unten).

DEUTSCHLAND

Im Hausboot auf Müritz & Havel

FAST WIE IM KANADISCHEN YUKON

Schnell blitzt in den wasserreichen Naturräumen zwischen Müritz und Havel ein Jugendtraum auf: Nordkanada! Wie sich in Whitehorse das Kanu in die Strömung des Yukon einfädelt, abends am Lebarge-See das Feuer prasselt, Lachse springen, Seeadler auf Beutezug kreisen – nur dass in Mecklenburg-Vorpommern und Brandenburg Grizzlys und Braunbären zum ultimativen Glücksgefühl fehlen. Immerhin bringen die beiden Ostbundesländer mit rund 80 Einwohnern pro Quadratkilometer für Deutschland beinahe als menschenleer geltende riesige Gebiete auf die Landkarte. Unsere Reise soll an Mecklenburg-Vorpommerns Müritz beginnen und durch die ursprünglichen Seen- und Flusslandschaften des Havelland-Seengebietes führen. Eine Unzahl großer und kleiner verwunschener Seen existiert hier, die durch verzweigte Fluss- und Kanalsysteme miteinander verbunden und durchgehend per Boot befahrbar sind. Vom Schwielowsee vor den Toren Potsdams zieht sich dieses Wassergeflecht bis zum Nationalpark Müritz, wo die Mecklenburgische Seenplatte mit rund hundert Seen eine Fläche von 322 Quadratkilometern umfasst. Zwar hat es das wasserreiche Havelland in der Menge nicht ganz so üppig, aber dient der maritimen Sache mit natürlichen Wasserflächen in ebenso großartiger Weise. Allein direkt vor Potsdam warten der Potsdamer See, der Schwielowsee, der Große Plessower See, der Große Zernsee, der Glindower See, der Templiner See, der Göttinsee sowie das verbindende Flusssystem der Havel.

NACHERLEBEN

Anreise zur Übernahme eines Hausbootes über Berlin nach Potsdam/Werder/Schwielowsee, zur Wolfsbruch Marina bei Rheinsberg im nördlichen Brandenburg oder nach Waren an der Müritz. Als beste Reisezeit sind die (warmen) Wochen des Jahres zu empfehlen, die außerhalb der Schulferienzeit liegen. Sonst kann es auf schmalen Durchfahrtskanälen und vor Schleusen schon mal eng werden.
www.deutschlands-seenland.de

Sonnenaufgang an der Müritz (oben links); Bootshäuser bei Röbel im Herbst (oben rechts); die Hafenstadt Röbel an der Mecklenburgischen Seenplatte (unten)

Immer beliebter werden Hausboot-Touren, die hier oder an der Müritz ihren Ausgangspunkt haben. In Waren schiebt sich unser Boot langsam in den Nationalpark Müritz, der die nordöstlichen Landschaften mit einer der Zivilisation beinahe entrückten Natur regiert. Die seit Langem unter Landschaftsschutz stehenden Gebiete sind durch weitverzweigte Binnengewässer verbunden und mit einer einzigartigen Flora und Fauna gesegnet. In Werder manövriert sich unser Hausboot langsam aus der Marina heraus. Draußen auf der Havel sind hier und da noch vereinzelt Autos vom Ufer her zu hören sowie gelegentlich Bootsmotoren, bis schon bald im Nirgendwo abgeschiedener Buchten eine Stille die optische Idylle besetzt. See- und Fischadler, Eisvögel, Rallen, Schwäne und Reiher sind die Flaggschiffe einer reichhaltigen Vogelwelt, Biber schlagen hier ihr Quartier auf, der Fischreichtum in den klaren Gewässern des Havellands ist bombastisch: Barsche, Aale, Hechte, Zander, Schleien und Karpfen erfreuen die Angler auf Bootstour. Eine der herausfordernden Aufgaben ist es, sich rechtzeitig vor Sonnenuntergang einen Ankerplatz zu suchen. In der nächsten Bucht oder im nachfolgenden See könnte es ja einen noch viel besseren geben, um nach getaner »Arbeit« mit Kopfsprung ins frische Nass einzutauchen und nachts in ungestörter Ruhe und ohne Blendlicht das leuchtende Firmament zu genießen.

Wasserspaß oder stille Natur? Urlaub mit dem Hausboot bietet beides zugleich.

TOWAROWA

Bison-Track im Nationalpark Białowieża

YELLOWSTONE AUF POLNISCH

Der russische Zar reiste mit dem Zug nach Bielowieza, um Bisons zu jagen. Die hölzerne Bahnstation des Dorfes war 1903 eigens für Zar Nikolaus II. errichtet worden. In gewisser Weise verdankt der Wald der Gegend den großen Wildtieren sein Überleben: Die Zaren, die von 1795 bis 1917 über das Gebiet herrschten, erklärten ihn nämlich zu ihrem Privatbesitz, was die Bäume vor dem Abholzen schützte und die Bisons vor dem Abschuss. Wer sie als Wilderer tötete, musste mit dem Leben bezahlen. Der Erste Weltkrieg brachte das Ende der Zarenherrschaft und das Gebiet unter polnische Hoheit. Die europäischen Bisons, als Wisent bekannt, waren fast ausgerottet, als sich ab 1923 die polnische Regierung für den Schutz des Urwalds mit seinen uralten Eichen einsetzte. 1932 entstand der Białowieża-Nationalpark, der erste Nationalpark Polens. Die letzten Wisente kamen in eine Aufzuchtstation. Heute bevölkern um die 1000 Tiere Europas letzten echten Urwald. Wisente sind die größten Landsäugetiere Europas. Ihre Artverwandten, die amerikanischen Bisons, sind noch etwas größer. Im Yellowstone-Nationalpark in den USA leben über 5000 von ihnen. Solche Zahlen kann der viel kleinere polnische Nationalpark nicht vorweisen. Für das Wisent ist er aber der wichtigste Lebensraum in Europa. Die scheuen Riesen kann man in freier Wildbahn erleben, etwa auf dem etwa 20 Kilometer langen Bison-Track – wenn man die richtige Tages- und Jahreszeit wählt. Im Sommer sind die Chancen früh am Morgen am größten. Im Winter sind Spuren im Schnee leicht zu entdecken.

NACHERLEBEN

Der ehemalige Zarenbahnhof ist heute ein echtes Schmuckstück: Die hölzerne Bahnstation, 1903 für Nikolaus II. errichtet, beherbergt das feine Restaurant »Carska«. Übernachten kann man stilecht im Salonwagen des Zarenzugs und in der »Ruska Bania«, der russischen Sauna, kann man schwitzen. Das Besucherzentrum Białowieża hilft bei der Tourenplanung im Nationalpark. ***www.bpn.com.pl***

Im Białowieża-Nationalpark werden die Bisons erfolgreich geschützt (oben links und unten). Der alte Zarenbahnhof dient heute touristischen Zwecken (oben rechts).

Flussparadies Saarschleife & Bliesgau

ABWESEND: HIPPOS UND KROKODILE

Wozu ins Vierländereck Namibia, Botswana, Simbabwe und Sambia fliegen? Weit weg, und ja klar, des schwelenden Fernwehs wegen. Oder weil dort Unmengen Flusspferde, Elefanten sowie bis zu sechs Meter lange Nilkrokodile afrikanische Flussszenen am Sambesi, Okavango und Chobe River bewegen. Aber auch hier existieren bildschöne aquatische Paradiese, zum Beispiel in den Fluss- und Auengebieten des Bliesgau und der Saar. Die hier heimische Fauna bietet zwar »nur« Biber, Wildkatze, Steinkauz, Fledermaus sowie den Schwarzstorch auf, die Flora immerhin sehr seltene Orchideen – allein die Hälfte aller in Deutschland vorkommenden Arten blühen genau hier. Berühmt wurde die Saarschleife, als sich Ex-Kanzler Gerhard Schröder und sein politischer Widersacher Oskar Lafontaine, letzterer Saarländer, am felsigen Aussichtspunkt Cloef bei Mettlach trafen und sich mit Panorama auf die legendäre Flussschleife öffentlichkeitswirksam ablichten ließen. Im nahen Blieskastel breitet das Flüsschen Blies ein liebliches Auengebiet aus, das es auf die UNESCO-Liste der Biosphärenreservate geschafft hat und sich gerne Toskana des Saarlandes nennt. Je nach Jahreszeit stellt der Bliesgau ein anderes seiner Naturwunder aus. *All year round* sind Kletterer, Biker, Wanderer und Kanuten begeistert. Grandios ist der besagte Aussichtspunkt Cloef bei Mettlach. Die Erhebung ist umgeben von Douglasien-, Buchen- und Eichenwäldern und gibt einen umwerfenden Blick frei: auf die Saarschleife, den Naturpark Saar-Hunsrück und, bei klarer Sicht, bis in die Vogesen!

NACHERLEBEN

Schlemmertouren, Gewürzseminare sowie Weinwanderungen gelten in der Region als Must-do-Genusserlebnisse! Nicht wenige Michelin-Sterne glitzern am saarländischen Firmament, viele gastronomische Betriebe haben sich in der Initiative »Genuss Region Saarland« zusammengeschlossen und bieten gourmettechnische Exkursionen an.
www.urlaub.saarland

Beeindruckender Abendhimmel im Bliesgau (oben links) und sattgrüne Vegetation in den Bliesauen (oben rechts); Blick auf die einzigartige Saarschleife (unten)

Unterwasser-Traum auf Ustica

MITTELMEER STATT MARTINIQUE

Riesige Fächerkorallen, Barrakuda-Schwärme, schwarze Klippen – willkommen auf Ustica. Nein, diese Insel liegt nicht in der Karibik, sondern im Mittelmeer. Wegen ihrer artenreichen Unterwasserwelt wurde sie zum ersten Unterwasser-Naturschutzgebiet Italiens erklärt. Das Eiland, etwa 70 Kilometer nördlich von Palermo, ist vulkanischen Ursprungs und gerade mal acht Quadratkilometer groß. 1350 Einwohner leben hier. Der Tourismus hat Ustica bisher kaum entdeckt, zum Glück für alle Romantiker und natürlich die zahlreichen Taucher und Schnorchler, die sich von der Insel und ihren Schätzen über und unter Wasser begeistern lassen. Schluchten, Höhlen und Unterwassereinschnitte bilden hier natürliche Becken für Fische und Korallen, der kleine Naturpool unterhalb des Leuchtturms von Punta Cavazzi lockt aber auch Badegäste an. Wie die Karibikinsel Martinique – einst auch durch Vulkanismus entstanden – bietet Ustica eine atemberaubende Unterwasserwelt.

Zu den vielen hier vorkommenden Fischarten zählen Zahnbrassen und Zackenbarsche, Barrakudas, Bernsteinmakrelen, Oktopoden und Muränen. Taucher schwärmen von der Unterwasserwelt mit den außergewöhnlichen Grotten. Die »Unterwasserwiese« aus üppigem grünem Neptungras auf dem Meeresgrund sorgt für einen hohen Sauerstoffgehalt im Wasser und bietet dadurch sehr vielen Arten einen Lebensraum.

Die Einwohner leben vom Meer. Frischer Fisch, besonders gefüllte Tintenfische, *calamari imbottiti*, stehen hier oft auf dem Speisezettel. Unbedingt probieren: den Weißwein aus der Zibbibo-Traube, die auf vulkanischem Boden direkt am Wasser wächst.

NACHERLEBEN

Das kleine Weingut Hibiscus, nur 200 m vom Meer entfernt, produziert nicht nur gute Weine, sondern bietet auch Apartments in seinem *Agriturismo*. Es gibt Frisches aus Garten und Keller, nachhaltiges Wirtschaften ist beim Insel-Winzer Standard. Gäste erholen sich im Schatten von Pfirsich- und Feigenbäumen.
www.agriturismohibiscus.com

Große Fischschwärme, etwa Barrakudas (oben), locken Schnorchler und Taucher zu den Klippen und Buchten von Ustica (unten).

Sloweniens wilde Bären

WILDLIFE WIE IN NORDAMERIKA

Er ist der König der Wälder von Kočevje: der Braunbär, das größte Raubtier in Europa. Zwischen 900 und 1000 Bären leben in Slowenien, mehr als irgendwo auf dem Kontinent, und die meisten sind in den Wäldern von Kočevje zu Hause. In Nordamerika sind sie weitaus verbreiteter, doch dort wie in Slowenien gilt: Dem Braunbär in seinem Lebensraum zu begegnen ist ein Abenteuer.

Das Abenteuer beginnt in Kočevje, genauer gesagt im Bearlog Hostel, dessen Hauswand ein außergewöhnliches Logo ziert: »Bearfriendly« steht da – bärenfreundlich. Und das ist ernst gemeint. Das Interesse an den Braunbären ist in den letzten Jahren stark gewachsen. Das Haus ist Informationszentrum und Startpunkt für eine Tour im Wald von Kočevje, zu der man mit einem erfahrenen Führer aufbricht. Zuerst werden die Regeln erklärt, die im Bärengebiet gelten. Man erfährt eine Menge über den Braunbär – tagsüber geht es auf seinen Spuren in den Wald, abends begleitet einen ein Jäger auf einen Beobachtungsturm. Der Schutz für die Besucher ist notwendig, denn die Bären im Wald von Kočevje sind wilde Tiere.

Wer in ihren Lebensraum eindringt, sollte daher vorsichtig sein. Hier leben übrigens gleich drei große Raubtiere in freier Wildbahn: außer dem Bären auch der Wolf und der Luchs. Die Führer führen ihre »Safari«-Gäste auf die Spuren der Wildtiere – doch um sie sehen zu können, braucht man Geduld. Fern der Zivilisation ist die Stille unendlich. Sich darauf einzulassen ist die wichtigste Voraussetzung, um dem Braunbären, dem König des Waldes, wirklich zu begegnen.

NACHERLEBEN

Bei den Bärentouren gibt es mittags ein Waldpicknick. Die Zutaten dafür finden sich direkt in der Natur. Eine Leckerei ist der köstliche Kočevje-Honig. Der Kočevje-Tourismus will und soll die Umwelt so wenig wie möglich belasten, das regionale Label »Bärenfreundlich« steht für die Förderung und den Erhalt der Bärenpopulation.
www.kocevsko.com

In den Wäldern von Kočevje ist der Braunbär zu Hause (oben links und unten). Er sieht zwar harmlos aus, aber auf Bärenpirsch geht es hier nur mit Guide (oben rechts).

Technik, Sport & Abenteuer

SCHWEIZ

Die besten *Skywalks* in Europa

ZITTERN IN SCHWINDELERREGENDER HÖHE

Berühmt für den ultimativen Kick ist die weit über den Rand des Grand Canyon ragende Skywalk-Plattform und erst recht der australische »Mamu Canopy Walkway« im Wooroonooran-Nationalpark, anderthalb Fahrstunden südlich von Cairns, der sich spektakulär durch mächtige Baumkronen des Regenwaldes zieht und edukativer Bestandteil der »Wet Tropics World Heritage Area« ist. Schwindelerregende und deshalb ziemlich aufregende Skywalks gibt es inzwischen auch in ganz Europa. In Deutschland bieten die 25 Meter lang auskragenden AlpspiX-Stege an der Alpspitz-Nordwand maximales Schwindel-Abenteuer pur: mit Blick auf die Zugspitze und, vom vordersten Ende der in rund 2500 Meter Höhe schwebenden bodenverglasten Stege, ins Höllental. Nichts für schwache Nerven ist der Mirador de Abrante auf der kanarischen Insel Gomera, der bei klarer Sicht den Blick auf Teneriffas Vulkanberg, den Teide, freigibt. In Santa Cruz de Tenerife geht es im Skywalk-Trail durch die grandiose Steilküste von Los Gigantes – ein heftiger Trail und eine Herausforderung an physische Fitness, Stabilität und Schwindelfreiheit. Neben vielen weiteren aufregenden Skywalks erwartet am schweizerischen Schilthorn der Thrill Walk mit Blick auf Eiger und Jungfrau schwindelsüchtige Besucher, in Österreich der Skywalk »Welterbeblick« auf dem Salzberg mit Aussicht auf das UNESCO-Naturerbe Hallstatt-Dachstein-Salzkammergut sowie in Norwegen die Aussichtsplattform Stegastein mit inspirierenden Einblicken in die umliegende Fjordlandschaft.

NACHERLEBEN

Südtirol: Hoch über Meran thront der Matteo Thun'sche Gucker in den Gärten von Schloss Trauttmansdorff, die als botanischer Garten weltberühmt wurden. Die auskragende gläserne Skywalk-Plattform unterhalb des Gartens für Verliebte bietet berauschende Aussichten ins Etschtal, in den Meraner Talkessel sowie auf das Südtiroler Bergpanorama ringsum.
www.trauttmansdorff.it

Nichts für statische Gemüter: Thrill Walk Birg im schweizerischen Lauterbrunnen (oben links), Aussichtsplattform Mirador de Abrante auf La Gomera (oben rechts), Stegastein bei Aurlandsvangen in Norwegen (unten)

Kanadas Whistler an der Isar

DIE LOIPE KNARZT, DER HIRSCH RÖHRT

Vorderriß ist das letzte Dorf Deutschlands. Buchstäblich. Danach ist die Welt zwar nicht zu Ende, aber es fühlt sich ein bisschen so an. Das gefiel schon dem legendären bayerischen Märchenkönig Ludwig II., der sich immer wieder hierher zurückzog. Er liebte die Ruhe und die Rothirsche, die vor allem in schneereichen Wintern hierherkommen – die Könige der Berge sind majestätisch und scheu. Im Schaugatter überwintern heute mehr als ein Dutzend der kraftvollen Tiere, eine Attraktion auch für die Langläufer, die hier in der Winterwildnis auf die »Kanada-Loipe« gehen.

NACHERLEBEN

Zum perfekten bayerischen Winter-Idyll gehört natürlich ein »Kircherl«: Berühmt, und von der Loipe bei Krün zu erreichen, ist die Kapelle Maria Rast. Beten ersetzt nicht die Pflicht, sich vor dem Start zu informieren: Tauwetter kann die Kanada-Loipe aufweichen und der Loipen-Bus verkehrt nicht jeden Tag bzw. nur auf Anfrage. ***www.oberbayern.de/klein-kanada-im-isartal***

Sie trägt ihren Namen zu Recht – Berge, Fluss und Himmel vereinen sich zu einer Landschaft von unglaublicher Schönheit – hier kommt Kanada-Feeling wie in Whistler auf. Die Loipe schlängelt sich rund 13 Kilometer an der Isar entlang von Wallgau bis Vorderriß. Einst lebten hier Flößer, die Holz flussabwärts nach München brachten. Inzwischen ist das Tal für Langläufer mit 120 Loipen-Kilometern erschlossen. Die Kanada-Loipe ist erst sanft und gemütlich und dann sehr anspruchsvoll, bietet nicht nur herrliche Aussichten auf das Karwendelgebirge, sondern auch kräftige Steigungen und ziemlich rasante Abfahrten.
Ganz Sportliche laufen die gesamte Kanada-Loipe – hin und zurück über 25 Kilometer. Nach dem leichten ersten Teil der Strecke kann man allerdings auch einfach denselben Weg zurück nehmen. Wer ehrgeizig ist und es bis Vorderriß schafft, kann gemütlich im Gasthof einkehren und mit dem Loipenbus wieder zum Ausgangspunkt fahren.

Die Kanada-Loipe ist eine der schönsten Langlauf-Routen Oberbayerns. Sie führt durch grandiose Fluss- und Berglandschaften des Karwendelgebirges.

Die tollsten *Jumps*

TOP-BUNGEE-SPOTS IN EUROPA

Als höchster Fernsehturm der südlichen Hemisphäre ragt Aucklands Skytower 328 Meter in den Himmel. Nach unten ist da eine Menge Platz: 53 Stockwerke und 192 Meter tief geht es für Bungee-Verrückte abwärts. Vermutlich war es den Kiwis auf ihrer Nordinsel zu langweilig, weshalb sie den Hormonsprung erfanden, der sich schnell seinen Weg um die Welt bahnte. Beispiel Kuala Lumpur: Die Zwillingstürme Petronas Towers bringen 452 Meter in die Lüfte sowie reichlich Extremsport-Verrückte, die hier ihren *base jump* wagen. Inzwischen funktioniert das weltweit an den entlegensten Stellen: auf der Bloukransbrücke an der südafrikanischen Garden Route, der Victoria Bridge, die an den Victoriafällen Sambia und Simbabwe verbindet, oder auf Chinas Macau Tower mit seinen 233 Metern. Die Liste ließe sich endlos fortsetzen.

Weite Anreisen braucht es längst nicht mehr, da sich auch in Europa konkurrenzfähige Pulsschlag-Produkte bestens vermarkten: die Europabrücke in Innsbruck (192 m) zum Beispiel, die Valgadena Brücke im italienischen Vicenza (175 m), Wiens Donauturm (152 m), die Rasnoavei-Schlucht in Rumänien (140 m) und die Niouc-Brücke im schweizerischen Val d'Anniviers (190 m). Neben Brücken, Schluchten und Türmen bieten auch Viadukte wie das Souleuvre-Viadukt in der Normandie Plattformen für ausreichende Sprungtiefe sowie Kräne wie der Titan Crane Bungee in Glasgow, Helsinkis Kaivopuisto und eben auch Staumauern, wie die des Verzasca-Dammes im schweizerischen Ticino (Absprunghöhe 220 Meter).

NACHERLEBEN

Mit 96 Metern ist die Jauntalbrücke in Kärnten die höchste Eisenbahnbrücke Österreichs. Wer kurz vor dem Sprung auf der Bungee-Plattform steht, schaut über die grünen Wälder des idyllischen Jauntals. Seil um die Knöchel, dann kommt der Sprung in die Tiefe, der Tausenden Jumps jedes Jahr die Adrenalinflutung beschert.
www.kaernten-adventures.com

Man muss schon ein bisschen verrückt sein: Jumps vom Donauturm in Wien (oben links), dem Verzasca-Staudamm (oben rechts) sowie dem Centovalli-Viadukt in der Schweiz (unten).

Deutschlands *Hängebrücken*

IN SCHWANKENDER HÖHE

Costa Ricas Abenteuerspielplatz La Fortuna bietet Hängebrücken mit Distanzen von 236 Metern in 70 Meter Höhe, der Canopy Walkway Taman Negara überbrückt den malaysischen Dschungel auf 50 Meter Höhe durch 26 Seilbrücken, Perus 28 Meter lange Inkabrücke Q'eswachaka führt 15 Meter hoch über den reißenden Apurimac River! Auf Hängebrücken zu wandeln, ist nicht jedermanns Sache. Längst haben pfiffige Marketing-Strategen erkannt, was sich in ganz Deutschland mit schwankendem Thrill entdecken und verdienen lässt! Zum Beispiel in Rheinland-Pfalz mit der Hängeseilbrücke Geierlay nahe der Burg Eltz, die sich auf 360 Meter Länge zwischen zwei Brückenköpfen in 100 Metern Höhe spannt. Nervenkitzel ist auf der bislang zweitlängsten Hängebrücke Deutschlands vorprogrammiert, bis zu 50 Tonnen Last kann sie tragen, was einigen Hundert Personen gleichzeitig entspricht. Die längste unter Deutschlands schwingenden Brücken ist derzeit die Titan-RT an der Rappbodetalsperre am Brocken/Oberharz mit einer Gesamtlänge von 485,5 Metern! Wem die Adrenalinzufuhr nicht langt, kann mit der GigaSwing unterhalb der Hauptbrücke einen Jump in 64 Meter Tiefe wagen. Thüringen bietet mit seiner Hängeseilbrücke Hohe Schrecke im Bärental eine Länge von 180 Metern auf, der Nordschwarzwald mit der Wildline-Hängebrücke in Bad Wildbad 380 Meter und Bayern mit der Klausbachtal-Brücke im Nationalpark Berchtesgaden immerhin 55 Meter! Den Weltrekord hält (noch) die Charles-Kuonen-Brücke in der Schweiz mit 494 Metern.

NACHERLEBEN

Die längste frei errichtete Hängebrücke der Welt entsteht derzeit im sauerländischen Willigen. Das vier Millionen teure und 125 Tonnen schwere Bauwerk wird sich nach Fertigstellung Ende 2022 über den Ortsteil Stryck bis zum Museumsberg auf 665 Meter spannen und bei einer Breite von 1,30 Meter zugleich 700 Schwindelsüchtige aufnehmen können.
www.willingen.de

Nervenkitzel pur: die Wildline-Hängebrücke in Bad Wildbad (oben links), die Titan-RT an der Rappbodetalsperre (oben rechts) und die 360 Meter lange Geierlay-Brücke in Rheinland-Pfalz (unten)

DEUTSCHLAND

Great Walks

EUROPAS TOP-WANDER-TRACKS

Die entlegensten Ecken der Welt bieten Routen für Hiker, zum Beispiel die Osterinsel den Rano-Kau-Track, der auf einer Länge von 30 Kilometern zum Kraterrand des Rano-Kau-Vulkans führt. Selbst Papua-Neuguinea ist mit diversen Dschungel-Routen mit dabei: Auf dem Kokoda-Trail geht es 96 Kilometer durch den Regenwald. Man findet aber auch in Europa, was man braucht. Der spektakulärste und ganz sicher berühmteste heißt Jakobsweg. In seinem Bestseller *Ich bin dann mal weg* schildert Hape Kerkeling das spezielle Gefühl bei der Wanderschaft auf dem in aller Welt bekannten Pilgerpfad, der allein auf spanischem Terrain 800 Kilometer ins Rennen bringt. Die meist gelaufene Wanderroute hierzulande ist der Rheinsteig. Der 320 Kilometer lange Weg startet am Kloster Eberbach, führt durch Weinberge über Rheinhöhen und an Flussufern entlang, mit malerischen Ausblicken auf den Rheingau und das UNESCO-Welterbe »Oberes Mittelrheintal« – was ihn zu einem der schönsten Wanderwege Europas macht. Eines seiner Sahnestücke lässt sich als gemütliche Tagestour probieren: Ab Rüdesheim geht es über das Niederwalddenkmal (für Gehfaule per Drahtseilbahn erreichbar) nach Assmannshausen. Zurück geht es bequem bergab auf dem Rüdesheimer Fußweg mit bezaubernden Aussichten auf Rhein und Nahe. Auch der Fernwanderweg Moselsteig ist ein Highlight. Der 365 Kilometer lange Flusswanderweg führt von Perl an der deutsch-französisch-luxemburgischen Grenze bis zur Mündung der Mosel in Koblenz.

NACHERLEBEN

Der schwedische Wanderweg Skåneleden führt in mehr als hundert Etappen über eine Gesamtlänge von 1250 km durch Südschweden. Eine der schönsten Etappen ist der Kust-Kustleden, der auf 370 km von Sölvesborg an der Ostsee nach Ängelholm an der Nordsee führt und sich in bequem zu laufende Teilstücke unterteilt, Startpunkt ist Sölvesborg/Ängelholm.
www.skaneleden.se/de

Wanderparadiese zwischen Mosel und Rhein: Moselsteig bei Beilstein (oben), Wanderer auf Aussichtsfelsen Spitznack bei Oberwesel in Rheinland-Pfalz (unten)

Lieber auf die *Jungfrau in der Schweiz*

... STATT SNOWBOARDEN IN NEUSEELAND

Eintauchen in die Berg- und Schneewelten auf Neuseelands Südinsel ist ein Erlebnis am anderen Ende der Welt, das mit fast 20 000 Kilometern ziemlich weit weg ist. Allerdings bleiben den Kiwis die Anzeichen des Klimawandels auch nicht verborgen: In der Antarktis schmilzt der gewaltige Thwaites-Gletscher, der nach dem Kaiser von Österreich benannte neuseeländische Franz-Josef-Gletscher schrumpft in rasantem Tempo. Vieles geht auch im Berner Oberland nur noch in höheren Lagen. Wie weiß gepudertes Göttergestein ragen hier die Viertausender des Dreigestirns Eiger, Mönch und Jungfrau ins Azurblau des eidgenössischen Alpenhimmels. Hinauf führen vielerlei Wege. Am einfachsten geht das vom Lauterbrunnental per Seilbahn auf die Grütschalp, von da mit der Zahnradbahn über Winteregg bis nach Mürren auf 1600 Metern. Immer öfter braucht es hier Schneekanonen an den Pisten. Die schneesichere Region Birg-Schilthorn liegt ein gutes Stück höher auf 3000 Metern. Seit 1928 wird in diesem Gebiet das über 2170 Höhenmeter führende und längste Abfahrtsrennen der Welt ausgerichtet, das »Inferno Race«. Auf der anderen Talseite schafft die Wengernalp-Zahnradbahn in 40 Minuten 1250 Höhenmeter und steigt über Wengen zur Kleinen Scheidegg auf, dem Ausgangspunkt zur legendären Eiger-Nordwand. Während der Wintersaison öffnet sich zwischen Eigergletscher und Männlichen das Tor zum größten zusammenhängenden Skigebiet der gesamten Region.

NACHERLEBEN

Jungfraujoch: Bis auf 3454 m geht die Bergbahn zum höchstgelegenen Schienenbahnhof Europas. Unterwegs gibt es die faszinierendsten Aussichten auf die Gletscherwelt der Schweizer Alpen. Mürren: autofreies Bergdorf mit Skigebiet. Niesen: Eine Standseilbahn überbrückt 68 % Steigung auf 3,5 km in 30 Minuten zum Hotel Niesenkulm auf 2362 m; traumhafter Blick auf Brienzer- und Thunersee.
www.interlaken.ch

Tief verschneites Bergdorf Mürren (oben links), Skitourengeher am Jungfraujoch (oben rechts); Hotel auf der Kleinen Scheidegg mit Jungfraubahn (unten)

NAZARÉ
JOGOS

Portugal toppt Hawaii

WO DIE PERFEKTE WELLE WARTET

Das Paradies für Surfer ist Hawaii – vielleicht. Denn auch in Europa gibt es einen Ort, an dem sich Surfer aus aller Welt einfinden, weil die Bedingungen für ihren Sport einfach fantastisch sind: Nazaré in Portugal. Die kleine Küstenstadt mit ihren rund 15 000 Einwohnern liegt etwa 100 Kilometer nördlich von Lissabon am Atlantik und ist berühmt für ihre atemberaubenden Wellen. Im Winter, von November bis Februar, wird Nazaré zu einem Mekka der Bigwave-Surfer. Dann kommen hier sehr hohe Wellen vor, echte Monsterwellen. Sie locken sogar Surfer aus Hawai: Am 1. November 2011 gelang es dem 44-jährigen hawaiianischen Rekord-Surfer Garrett McNamara, auf einer 23,77 Meter hohen Welle an der Praia do Norte in Nazaré zu surfen. Damit schaffte er es ins *Guinness-Buch der Rekorde* und der Bildbeweis von Fotograf António Manuel Silva ging um die ganze Welt. Der Grund, dass es in Nazaré die Rekordwellen gibt, ist ein Unterwasser-Canyon an der Atlantikküste. Er ist mindestens 5000 Meter tief und 230 Kilometer lang, und er endet direkt unter dem Fort San Miguel mit dem roten Leuchtfeuer. Durch den Canyon entstehen bei starkem Wind die riesigen Wellen, die Nazaré in der Szene berühmt gemacht haben.

Nazaré bietet rund ums Jahr gute Surfbedingungen, die Temperaturen sind angenehm, das Wasser ist im Winter um die 15, im Sommer etwa 22 Grad warm. Außerhalb der Bigwave-Saison sind die Wellen für Anfänger wie Fortgeschrittene gleichermaßen geeignet. Wem Hawaii zu weit ist, der findet hier einen wunderbaren Surfspot und spektakuläre Erlebnisse.

NACHERLEBEN

Im Fort San Miguel von Nazaré gibt es ein Surfmuseum, eigentlich ein Bigwave-Museum. Surfstars haben ihre Bretter gestiftet und jedes Jahr klettern 400 000 Besucher über enge Treppen in die zwei Räume und auf das Dach. Der Ausblick ist unglaublich – und ein Euro Eintritt kein Preis.
www.nazareportugaltourism.com

Nazaré ist das Surf-Mekka in Europa (oben links). Wer nicht selbst surft, schaut vom Fort San Miguel (oben rechts und unten) zu und staunt, wie die Surfer auf den Wellen tanzen.

Exklusiv, romantisch & verrückt

Pebble Beach am Comer See

OLDTIMER-CATWALK CONCORSO D'ELEGANZA

Die Villa d'Este ist die allererste Adresse am Comer See. Im 16. Jahrhundert wurde sie als Residenz eines Kardinals gebaut, ein paar Hundert Jahre danach an Karoline von Braunschweig verkauft – später immerhin Königin von England – und schließlich 1873 in ein piekfeines Hotel umgewandelt, am schönsten Fleck des Sees. Das ist seit seiner Eröffnung eine feste Größe bei VIPs. Alfred Hitchcock war hier, Madonna lobte die Diskretion des Personals und George Clooney flirtete auf der Terrasse.

NACHERLEBEN

Zum Concorso d'Eleganza in Cernobbio kommt die Crème de la Crème der Oldtimer. Doch nicht nur automobile Klassiker gibt es am See: Die Bootsmanufaktur Riva, nur wenige Autominuten entfernt in Laglio, präsentiert Historie und Handwerk der kultigen Yachten – längst hat Riva mit »Ernesto« das erste E-Boot entwickelt. Die Villa d'Este bietet am Steg dafür eine Ladestation.
www.cantiereernestoriva.it

Schon seit 1929 reisen die Reichen der Welt hierher, um ihre automobilen Schätze zu zeigen – beim legendären »Concorso d'Eleganza«. Damals waren es elegante Neuwagen, heute sind es rare Oldtimer. Aber es reicht nicht, dass ein Auto alt, teuer und schön ist, um beim ältesten Schönheitswettbewerb des Chromdesigns mitzumachen. Jedes Fahrzeug muss auch eine Geschichte erzählen – sonst wird es nicht dabei sein beim Defilee der hochkarätigen Oldtimer. Es gibt Automobiltreffen – und es gibt den Concorso d'Eleganza Villa d'Este. Er ist der führende Wettbewerb in Europa, gleichrangig mit dem elitären Treffen im amerikanischen Pebble Beach. In Amerika dominieren eher die perfekt restaurierten Glanzkarossen, bei der Villa d'Este haben auch Fahrzeuge eine Chance, die in Ehren Patina angelegt haben. Und die eine fabelhafte Geschichte haben, die der britische Classic-Car-Experte Simon Kidston als

Der Comer See (unten) bildet die Kulisse für das Stelldichein der Classic Cars mit stromlinienförmigen Ferraris (oben links) über klassische Alpha Romeos aus den 1920ern (oben rechts).

Alfa Romeo

VILLA

CLASSE G

Conférencier wunderbar kurzweilig erzählt. Eine exklusive Schar von Sammlern aus aller Welt präsentiert bei diesem Familientreffen jedes Jahr einen anderen ihrer Traumwagen. Der amerikanische Filmproduzent und Börsenexperte James Glickenhaus etwa gilt weltweit als hartnäckigster Ferrari-Fan. Seine Sammlung reicht inzwischen sicher für die nächsten 30 Jahre Concorso-Teilnahme. Zwei Tage sind die Oldtimer am See zu sehen: Am Samstag bleiben die Besitzer unter sich, im noblen Ambiente der Villa d'Este, wo einer der edlen Konkurrenten von einer hochkarätigen Jury zum »Best of Show« gekürt wird. Am Sonntag kommen auch weniger betuchte Oldtimer-Enthusiasten auf ihre Kosten: Dann rollen die Oldtimer zum Schaulaufen in den Garten der Villa Erba, ebenfalls in Cernobbio direkt am See. Dort sind Zuschauer willkommen, die auch über den Hauptpreis, die »Coppa d'Oro«, für das schönste Fahrzeug entscheiden können. Wer den vergoldeten Becher mit nach Hause nimmt, der steigert den Wert seines Wagens erheblich. Dabei ist der Stolz meist wichtiger als das Geld. Längst gibt es Fahnder, die auf die Suche nach seltenen Exemplaren geschickt werden. Denn nur mit einem Wagen, der noch nie beim Concorso war, kann man auch beim nächsten Mal dabei sein – und das wollen eigentlich alle.

Einst Sommerresidenz des Kardinals von Como, heute »Luxusparkplatz« beim Concorso d'Eleganza: Der Park der Villa d'Este am Comer See.

Übernachten im Baumhaus

PRAKTISCH IM WALD BADEN

In wilder Natur auf Baumhaus-Plattformen zu übernachten ist in. Schnell haben das als Erste luxuriöse Wildlife-Lodges erkannt – wie das kenianische Loisaba Tented Camp mit seinen »Star Beds« inmitten der Wildnis. Die südafrikanische Jaci's Tree Lodge stellt acht Baumhäuser aus Reet, Rosenholz und Palisaden auf bis zu sechs Meter hohe Stelzen in den Blätterwald exotischer Tamboti- und Leadwood-Bäume, ziemlich extrem bringt es das Wildlife-Refugium Garonga an der westlichen Grenze des Krüger-Parks: Wer sich traut, verbringt eine Nacht im afrikanischen Busch hoch über dem Jagdgebiet von Löwen, Hyänen und Leoparden auf einer hölzernen Plattform mit nichts weiter als einer Petroleumlampe, einer Matratze und einer gut gefüllten Kühlbox. Wenn es um die Baumhäuser in dunkler Natur geht, ist dies aber gar nicht nötig, weil der bis auf den Raubtiernervenkitzel überflüssig ist: In luftiger Höhe existieren Baumhaus-Plattformen, Baumhäuser und sogar ganze Hotels inzwischen auch hier. Zum Beispiel im Nationalpark Harz, wo im Sonnenresort Ettershaus bei Bad Harzburg in 14 Baumhäusern ein Kindheitstraum für Groß und Klein Wirklichkeit wird. Romantische Konkurrenten gibt es zahlreich. Zum Beispiel das Baumhaushotel Robins Nest bei Witzenhausen mit seinen Baumhäusern, einem Stelzenhaus, einer Baumhauskugel und Baumzelten, das Baumhaushotel Uckermark zwischen Templin und Eberswalde, das Baumhaushotel an der Nordsee bei Cuxhaven oder das Baumhaushotel der Kulturinsel Einsiedel bei Görlitz in Sachsen.

NACHERLEBEN

Österreich-Fans bieten die Baumhotels Waldromantik und Kopfing außergewöhnliche und moderne Domizile, *www.baumkronenweg.at*. Auch in Frankreich wachsen Baumhäuser zwischen Blätterkronen, z. B. in den Vogesen, *www.clairiere-aux-cabanas.fr*, in der Bretagne, *www.dihan-evasion.org* und in Bordeaux, *www.sur-un-arbre-perche.com*. Neben dem romantischen Treehouse Canterbury ist auch England mit einer guten Auswahl vertreten. *www.canopyandstars.co.uk*

Egal, ob Baumhauskugel (oben links), Stelzenhaus (oben rechts) oder Baumhaus (unten): In Robins Nest kommt Sherwood-Forest-Feeling auf.

Biarritz – Napoleons Sommersitz

WOHNEN WIE DER KAISER VON FRANKREICH

In der kolonialen Hochphase dienten Luxushotels als Treffpunkt der gehobenen Weltbürgergesellschaft. Im »Oloffson« beispielsweise in Port-au-Prince, Haiti, das Graham Greene mit seinem legendären Roman *Die Kommödianten* unsterblich machte, gibt es noch heute eine Mick-Jagger-Suite. Auch die Grandhotels »Oriental« in Bangkok und das »Raffles« in Singapur, in denen sich neben Somerset Maugham zahlreiche berühmte Schriftsteller wohlfühlten, stehen auf der Liste steingewordener Zeugen rauschender Festivitäten, auf denen sich Filmstars, Intellektuelle, Großindustrielle und Verwaltungsbeamte die Klinke in die Hand gaben. Im Gästebuch des 1884 eröffneten »Galle Face Hotels« in Colombo, Sri Lanka, stehen Einträge von Gregory Peck, Alfred Krupp, Duke Ellington und John D. Rockefeller.

So weit muss man nicht reisen, um sich stilecht wie Napoleon zu fühlen. Echt jetzt? Schenkt man einer Anekdote Glauben, begann die Erfolgsgeschichte von Biarritz mit dem Missgeschick eines kleinen Mädchens namens Eugénie, das im Jahr 1835 beim Bad im Atlantik beinahe ertrank. Trotzdem kehrte sie noch einige Male zusammen mit ihrer Mutter ins sommerlich frische Atlantikstädtchen zurück. 1854 dann erstmals als verheiratete Frau und künftige französische Kaiserin, zusammen mit ihrem Ehemann, Charles-Louis-Napoléon Bonaparte. Bereits im Folgejahr ließ Napoleon III. seiner Eugénie in nur zehn Monaten Bauzeit einen

NACHERLEBEN

Unbedingt besuchen: die Kaiserkirche »Ste.-Eugénie«, die auf dem gleichnamigen Platz nahe des Sommerpalasts zu finden ist und im Jahr 1864 im römisch-byzantinischen Stil errichtet wurde. Sie befindet sich seit 1981 auf der Liste der historischen Monumente. Die Pracht im Inneren lässt sich von außen nicht mal erahnen. ***www.biarritz.fr***

Suite vue Océan (oben links), schmiedeeisernes Eingangstor (oben rechts) und der grandiose Palast Napoleons, der heute das Hotel du Palais ist (unten)

traumhaften Sommerpalast am Grande Plage von Biarritz hinsetzen, womit er ihr die Größe seiner Liebe bezeugen wollte. Und schon war das kleine Badeörtchen für hitzegeplagte Pariser Großstädter en vogue. »Wollen Sie das wirklich alles aufschreiben, oder soll ich sie lieber ausdrucken?«, fragt der Portier im heutigen »Hotel du Palais« lächelnd, »es sind nämlich ziemlich viele!« Gemeint sind prominente Persönlichkeiten auf der VIP-Liste des einstigen Kaiserpalastes. Zum Beweis zählt er einige auf, die auch in Deutschland bekannt sein dürften: Charles Chaplin, Frank Sinatra, Sissi, die Kaiserin von Österreich und Winston Churchill sind darunter. Auf dem nachgereichten schriftlichen Ausdruck stehen Zimmernummern fein säuberlich in Klammern gesetzt hinter Gary Cooper (32), Romy Schneider (31), Ernest Hemingway (501) und so weiter.

Gleich neben dem einstigen Sommerpalast Napoleons, den seine kaiserliche Zuneigung architektonisch in Form eines »E« (wie Eugénie) hatte konzipieren lassen, wird alltäglich das einheimische Pelote gespielt, das als schnellstes Ballspiel der Welt zählt. Heute ziehen zu jeder Zeit Strandspaziergänger und Jogger am »Hotel du Palais« der Bonapartes vorbei, das erhaben zwischen zwei Sandstränden auf einem Felsplateau thront.

Kaiserlich abhängen oder stilvoll feiern: mondänes Ambiente in der Imperial Bar im Hotel du Palais

Finnlands Schärenwunderwelt

REIF FÜR DIE INSEL

Seit jeher schwirren dem Menschen exotische Inselträume durch die Fantasie. Unvorstellbare Mengen tropischer Eilande sprenkeln allein den Südpazifik: Tonga umfasst 130 Inseln, Französisch-Polynesien beinahe so viele, Fidschi 320, die Karolinen 500, und so geht es weiter.
Was kann Europa bieten? Zahlenmäßig durchaus Beachtliches. Die Küsten der Bretagne zählen 800, die britischen 6000, Norwegen 150 000! Wenn die »Natalia« ablegt und sich aus der Hafenbucht Helsinkis schiebt, werden die Türme des Doms und der Uspenski-Kathedrale, die aus der prächtigen Kulisse des Jugendstils ragen, schnell kleiner. Über 300 Inseln und Inselchen mit Namen wie Soumenlina, Korkeasaari oder Vasikkasaari bietet allein Helsinkis Schärenarchipel auf, mit dichtem Waldbewuchs und romantischen kleinen Buchten, in denen pittoreske Holzhäuschen das Klischée vom insularen Weekend samt finnischer Kelosauna beschwören. Während die Abendsonne einsame Bootsstege, feine Sandstrände und ochsenblutrot gestrichene Blockhäuser in sanfte Farben taucht, zieht so ein Schären-Eiland an der »Natalia« vorbei, mit rund geschliffenen Felsklippen drumherum, und das Inselzählen beginnt. Ob es tatsächlich über 300 sind, wird sich im Verlauf des Abends nicht zweifelsfrei klären lassen. Als der Sonnenball glutrot im Meer versinkt, erscheinen die Inseln ringsum so bezaubernd schön wie überall auf der Welt. Vor der Hafenstadt Turku zieht sich auf einer Länge von 250 Kilometern der »Skärgardens Ringväg« durch eine Welt aus Schären, Buchten mit Leuchttürmen und idyllischen Bootshäfen.

NACHERLEBEN

Im Rymättylä-Archipel – 400 Inseln, davon nur 30 bewohnt – hat der Finne Pentti-Oskari Kangas auf dem Eiland Airismaa sein Refugium »Herrankukkaro« an eine idyllische Bucht gesetzt, bestehend aus rustikalen Holzblockhäusern, Fischerkaten, Aussichtstürmen, Saunen sowie beheizten Schwimm- und Tauchbecken. Wer Inselambiente will, ist hier genau richtig.
www.herrankukkaro.fi

Romantisches Weekend-Home (oben links) und Saunahütten (oben rechts) im Turku-Archipel; idyllische Schärenlandschaft vor Helsinki (unten)

Bodensee versus Lake Malawi

SPIEGLEIN, SPIEGLEIN AN DER WAND ...

Aquarienbesitzern ist der Malawisee ein Begriff. Schließlich kommen die schönsten Cichliden (afrikanische Buntbarsche) aus der glasklaren Unterwasserwelt des größten Gewässers des Landes. Die unermesslich riesige Wasserfläche des Malawisees ist 55-mal so groß wie die des Bodensees, Teile davon zählen zum Weltnaturerbe der UNESCO, und auch obendrüber stimmt die Optik. Auf der größten Seeinsel, Likoma Island, landete David Livingstone vor über 150 Jahren, 1885 entstand hier, praktisch am Ende der Welt, mit St. Peter's eine Kathedrale, die sich an Größe mit Londons Westminster Abbey messen kann.

NACHERLEBEN

Must-do: Fahrt zum Schloss Arenenberg (CH), in dem sich das Napoleonmuseum befindet. Der Exilwohnsitz einer Königin, die Kinderstube des letzten Kaisers der Franzosen sowie eine Parkanlage mit Grotten, Brunnen und Sichtachsen sind die Herzstücke der bezaubernden Anlage hoch über dem schweizerischen Ufer des Sees.
www.napoleonmuseum.tg.ch

So weit die Besiedlungshistorie. Und ja klar lässt sich Likoma mit der Mainau nicht vergleichen, genauso wenig wie die Kirchtürme rings um den Bodensee mit St. Peter's. Schon aber fährt mit dem Passagierfrachter »MV Ilala« ein Schiff nach Fahrplan diverse Haltestellen ab, ganz so wie die Kollegen der weißen Bodensee-Flotte. Ein Eldorado für Entdecker sind beide. Wobei der Bodensee praktisch um die Ecke liegt, weniger wild und deshalb sicherer ist und voller Vielfalt, was Kunst, Kultur und Cuisine betrifft. Mit Kanu, Solarfähre oder Schiff lassen sich Inseln und Halbinseln, idyllische Häfen sowie malerische Küstenorte entdecken, und erst recht für Hiker und Biker ist der Bodensee ein erholsames Areal. Der 270 Kilometer lange Bodensee-Fernwanderweg geht über drei Ländergrenzen hinweg, für eine Seeumrundung sollten bis zu zehn Tage eingeplant werden. Auf dem Bodensee-Radweg gehts natürlich schneller: Sehr sportliche Biker schaffen das an einem Tag!

Das Pfahlbauten-Museum in Unteruhldingen gehört zum UNESCO-Welterbe (oben links); Sommerabend im Biergarten am Hafen von Lindau (oben rechts); blühende Obstbäume und Fahrradfahrer bei Sipplingen (unten).

Drosselhof

RHEINGAU

Romantik und Riesling am Rhein

SCHLÖSSER, KELLER, STEILE LAGEN

Ins australische Barossa Valley bei Adelaide, zu den Winelands nahe Kapstadt oder doch lieber zum Riesling nach Neuseeland? Kein Spaß – deutsches Wein-Knowhow war seit jeher ein Exportschlager, was sich in Technik und Qualitätsstandards bis nach Chile und Kalifornien in Form hervorragender Tropfen ausgewirkt hat. Auf solch ein Abenteuer hat sich die Rheingauerin Edel Everling eingelassen. Die diplomierte Winzerin kommt aus Rüdesheim und baut in Marlborough auf der Südinsel Neuseelands neben Chardonnay und Spätburgunder auch Riesling an. Den Maschinenpark und die kostbaren Eichenfässer hat sie vom elterlichen Weingut am Rhein zur Grundausstattung ihres Johannishofs in Koromiko gemacht. Das Fachliche stammt von daheim – aus Geisenheim. Bergleute einer nahen Kohlezeche sprengten ihr einen 300 Kubikmeter großen Stollen in den Sandsteinfelsen, damit der Wein bei konstanten 12 Grad und der richtigen Feuchtigkeit reift wie daheim, im Rheingau, wo sich zahllose Weingewölbe und Wingerte an Flussufern und in Steillagen darüber reihen. Vor der mittelalterlichen Kulisse des kurfürstlichen Weinstädtchens Eltville erinnert die Idylle der rheinischen Flusslandschaft an romantische Landschaftsbilder, geschaffen von Künstlern, die mit ihren Werken eine »Anbetung der Natur« in Szene setzen wollten. Was die Romantiker einst beschworen, lässt sich heute am besten von Bord eines Flussdampfers aus bewundern, der gemächlich an Ritterburgen, Schloss- und Klosteranlagen sowie adretten Wein- und Rheinstädtchen wie St. Goar, St. Goarshau-

NACHERLEBEN

Rieslinge verkosten, im Rheingau wandern und durch klassizistische Kulissen flanieren: In der Kur- und Landeshauptstadt Wiesbaden, einer Oase des Historismus und Klassizismus, ließ sich schon Fjodor Dostojewski *(Der Spieler)* in der Spielbank des opulenten Kurhauses vom Flair der eleganten Badestadt zwischen Rhein und Taunus betören.
www.wiesbaden.de

Nur zwei von zahlreichen Burgen am Rhein: Burgruine Ehrenfels in Rüdesheim (oben links) und Burg Rheinstein in Trechtingshausen (unten). Weltberühmt ist die Drosselgasse in Rüdesheim (oben rechts).

sen, Bacharach oder Boppard vorbeizieht. Beeindruckend ist der sagenumwobene Felsklotz der Loreley sowie, flussabwärts, Kaiser Wilhelms monumentales Reiterstandbild am Deutschen Eck, das seit 1897 den Zufluss der Mosel bei Koblenz markiert. Für Wanderfreunde ist das einzigartige Flussnetz aus Rhein und Zuflüssen wie Nahe, Lahn und Mosel ein Paradies und der berühmte »Rheinsteig« einer der schönsten Wandertracks Deutschlands. Wer sich nach Luxus sehnt, sollte einen Aufenthalt im Eltviller Schloss Reinhartshausen einplanen, was nur einen Nachteil hat: Das schlosseigene Weingut könnte das Fortkommen am nächsten Morgen erschweren. Allerdings könnten durch zu viel Oechsle verlangsamte Aktivisten vom »Rheinsteig« auf die 65 Kilometer lange »Rheingau-Riesling-Route« umdisponieren, auf der gemütliche Straußwirtschaften, historische Weinstuben, Schlemmerwochen und Weinproben jeder Laufdynamik ein schnelles Ende bereiten. Ein unbedingtes Muss ist der Besuch historischer Schlossgüter wie Kloster Eberbach, wo alljährlich in der Klosterkirche von 1168 das berühmte Reingau Musik Festival stattfindet, Schloss Johannisberg sowie Schloss Vollrads. Aber auch nicht ganz ungefährlich: Die Lage der bildschönen Perlen ist mittendrin – im Wingert, wie der Weinberg hier heißt, umgeben von Reben und natürlich mit Gutsauschank!

Prächtige Eichenfässer in den Kellern der Hessischen Staatsweingüter in Kloster Eberbach bei Eltville

59
60
RHEINGAU
Rauenthaler
Baiken
RHEINGAU
1993er
Hochheimer
Domdechaney
Riesling
SPÄTLESE

Ballynahinch Castle, Irland

AUF EIN GUINNESS MIT ERIC CLAPTON

In wirklich alten Hitchcock-Gemäuern absteigen ist weltweit der Renner, am besten in einem richtigen Geisterschloss. Kanada hat da einiges zu bieten: Le Château Frontenac in Québec, das Hôtel Fairmont Le Manoir Richelieu am Sankt-Lorenz-Strom, die Auberge Saint-Antoine Relais & Château in Québec, um nur einige zu nennen. Allerdings auch Irland: zum Beispiel Ballynahinch Castle. »Fahrt nach Norden«, rät abends eine sommersprossige Irin am Guinness-Zapfhahn hinter dem Tresen, »je weiter hinauf, desto billiger wird es«. Wie bitte? Sie holt eine Karte, piekst auf zerklüftete Ausbuchtungen, die als Connemara, Achill und Mullet weit in den Atlantik hineinragen. »Kennt ihr Heinrich Bölls *Irisches Tagebuch* nicht?« Stundenlang geht die Fahrt durch grasbewachsenes Hügelland, Flüsse und Bäche durchrauschen eine wildromantische Hochmoorvegetation, sprudelnde Wasserfälle stürzen von Felsklippen, der Mond, der hier eher selten klar über den Bergketten steht, schickt sein Licht durch dräue Wolkenbänke, für Sekunden geben Blitze eine Märchenlandschaft preis. In Schloss Ballynahinch zu erwachen, das schon mal einem indischen Maharadscha gehörte, nämlich His Highness the Maharaja Jam Sahib of Nawanagar, das hat was. Der Blick aus der Suite Elephant Walk auf den Salmon River, der sich hier silbrig durch ein Naturparadies zieht, weckt nordkanadische Impressionen. »Der Kasten stammt aus dem 16. Jahrhundert«, grinst Patrick O'Flaherty, ein Nachfahre des Clans der Erbauer, der

NACHERLEBEN

Heinrich Böll verbrachte eine Zeit auf Achill Island, schrieb dort *Das Brot der frühen Jahre* und im *Irischen Tagebuch* über Moorbauern und Torfstecher, über Fischer, den Ozean und den sagenumwobenen Ocean Drive entlang der zerklüfteten Küste. Heute wird Bölls Cottage in Doogort von der Heinrich-Böll-Stiftung Köln verwaltet und an junge Künstler vermakelt. *www.heinrich-boell.de* und *www.ballynahinch-castle.com*

Im Ballynahinch Castle (oben rechts) wartet an der Bar ein leckeres Guinness (oben links). Abends gibt es am gemütlichen Kaminfeuer irische Jigs & Reels (unten).

gerade eine Reihe tiefschwarzer Guinness im hoteleigenen Pub zapft, bevor er die Geschichte von Schloss Ballynahinch erzählt, das heute als edle Landhaus-Absteige für Jäger und Angler aus aller Welt dient. Einen 19 Pfund schweren Lachs, lässt sich im Gästebuch nachlesen, zog ein Herr Hompesch aus Germany aus den glasklaren Wassern ringsum. Prinz Leopold von Bayern, Kathleen Turner und Alec Guinness stehen ebenfalls drin und auch Eric Clapton. Der Star kam inkognito nach Ballynahinch, fing den ersten Lachs seines Lebens und griff sich abends eine Gitarre. Schnell wurde den Anwesenden klar, das konnte ja nur der sein!
Heinrich Böll bevorzugte Achill Island. Dort schrieb er *Das Brot der frühen Jahre* und im *Irischen Tagebuch* über Moorbauern und Torfstecher, über Fischer, den Ozean und sehr finstere Naturgewalten. Nordwestlich von Westport biegt hinter der Brücke, die Achill Island mit dem Festland verbindet, der legendäre Atlantic Drive ab. Zerklüftete Felssteilwände stehen umtost von grünlich-brodelnden Strudeln und weiß klatschender Brandung im Stahlblau der See. Orte heißen hier draußen Polrunni, Dooega oder Geesala. In Doogort, zu Füßen des Slievemore (700 Meter), der wie ein Vulkankegel aus der schäumenden See sticht, wohnt Böll heute irgendwie noch immer.

Die spektakuläre Felsenküste auf Achill Island, wo Heinrich Böll einst ein Ferienhaus besaß

Adlerwirtshus

Olgas Kutschen-Stopp »Adler«

MIT POMP, SPA UND BELLE ÉPOQUE

Geschichtsträchtig übernachten lässt es sich weltweit. Zum Beispiel im Banff Springs Hotel am kanadischen Lake Louise oder in Floridas bekannten Breakers Palm Beach. Wirklich historisch funktioniert allerdings ausschließlich in der Alten Welt, in Europa, durchaus auch im Schwarzwald. In der Wildnis unendlicher Wälder, zwischen Hochmooren, tief eingekerbten Tälern, düsteren Felswänden, sprudelnden Bächen und verhexten Heidelandschaften. In Hinterzarten pausierte um 1770 der Kutschentross Marie Antoinettes, der Tochter Maria Theresias und künftigen Königin Frankreichs, als die sich auf Brautfahrt nach Paris befand. Über noch viel längere Zeiträume schreibt dort Deutschlands dienstälteste Herberge in Familienbesitz Geschichte, seit 1446 mit dem denkmalgeschützten »Adlerwirtshus« neben der katholischen Kirche Maria in der Zarten am Adlerplatz. Damals als Poststation mit Gaststube, heute als verwunschener Ort aus einer anderen Zeit. Große Namen lesen sich im Adler-Gästebuch ganz beiläufig: Bekannte Politiker und Literaten wie Erich Kästner sind darunter, Chick Corea und Miles Davis, auch Udo Jürgens und Herbert Grönemeyer waren da und Joe Cocker. Selbst Altrocker Udo Lindenberg kam vom hohen Norden her: »Spitze hier, ahoi!«, lautet sein hanseatischer Eintrag, bevor er sich zwischen Rüschen und Plüsch ablegte. »In einem der Giebelzimmer hat meine Urgroßmutter das Zeitliche gesegnet«, plaudert Urenkelin Katja Newman, die den geschichtsträchtigen Familienbetrieb in der 16. Generation leitet, aus der Familiengeschichte. Und das war die Olga. Stilecht sei sie gestorben, mit einer Zigarette zwischen den Lippen und einem Rotweinglas in der Hand. Die 96-Jährige sei ein starkes Vorbild gewesen: »Streng war die, eisern und vom herben Schlag. Wenn's der zu laut in der Gaststube wurde, hat die oben ungeniert mit dem Gehstock so lange den Dielenfußboden malträtiert, bis unten Respekt und Ruhe herrschten.« 1890 kam der Erweiterungsbau in den 40 000 Quadratmeter

Das geschichtsträchtige Parkhotel Adler (unten). Im Außenpool im Adlerpark Hinterzarten (oben rechts) erwartet die Gäste 37 Grad warmes Wasser. Vis-à-vis steht das alte »Adlerwirtshus«, Jahrgang 1446 (oben links).

großen Adlerpark, der bis heute als eine der edelsten Fünf-Sterne-Herbergen des Hochschwarzwalds dient. Hier kann man im Spa-Palast der Entspannung frönen und sich im gläsernen Schwimmtempel mit allen erdenklichen Sprudel-Finessen die Gesundheit vornehmen, in 37 Grad warmem Wasser outdoor durch den Adlerpark schwimmen oder morgen schon schöner als gestern sein. In der Beauty-Farm praktiziert die Wellness-Abteilung mit Thalasso- und Physiotherapie, Feng-Shui und Ayurveda, mit Wahrnehmungsübungen und energetischem Balancieren. Finnische Sauna, Römische Dampfgrotte, Kneippkur, Fitnessstudio, Infrarot-Lichtbad und Solarium würden Marie Antoinette wohl nicht verschrecken. Dazu gibt es eine höhlenartige Feuer- und Erdsauna, die komplett »underground« ist.

NACHERLEBEN

Neben kulinarischem Feinschmeckertum wird Outdoor-Sport im »Adler« großgeschrieben. Dazu zählen der Südschwarzwald-Radweg (270 km), über zwei Dutzend Premiumwanderwege der Schwarzwälder Genießerpfade, Mountainbiking auf der Feldberg- und der Ochsentour (450 km) sowie Nordic Walking auf bis zu 9 km langen Strecken aller Schwierigkeitsgrade.
www.parkhoteladler.de

Adler-Romantik im Winter: Die luxuriöse Herberge residiert neben dem Zwiebelturm der katholischen Kirche Maria in der Zarten.

Küste, Strand & Inselträume

Ostfrieslands Inseln von oben

PARADIESE AUS DER VOGELPERSPEKTIVE

Nach einem Flug über exotische Inseln reisen die grandiosesten Bildmotive in der Fantasie heimwärts mit, was ganz sicher auf die Grenadinen in der Karibik, Mosambiks Bazaruto-Archipel und erst recht auf die Malediven zutrifft – von denen es weit über 1000 gibt! Dabei liegen insulare Traumbilder direkt vor der deutschen Haustür. Um in den fairen Vergleich zu kommen, muss man auch hier in die Luft, um einen Überblick aus der gehobenen Perspektive zu bekommen. Bei einem Rundflug über die Inseln der Nordsee zeigen sich leuchtende Strände, Sanddünenpakete, in die See auskragende Landzungen sowie sanfte Erhebungen, auf denen rot-weiß geringelte Leuchttürme stehen. Vierzig Flugminuten braucht eine Einmotorige von der Hansestadt Bremen, bis die größte der Ostfriesischen Inseln, Borkum, in Sicht kommt. Erst zeigt sie sich als Stecknadelkopf, dann im Sinkflug mit Bäumen, Straßen und Häusern, nach der Landung als lebendiger Mikrokosmos. Unweit von hier, nahe der holländischen Grenze, startet der »Nationalpark Niedersächsisches Wattenmeer« sein Spektakel, das aus der Vogelperspektive Traumbilder wie am Fließband produziert – eingeschränkt, ja, nur bei klarem Wetter, wenn es nicht regnet und der Himmel wolkenfrei ist. Wie gerade bei diesem Flug. Juist, Baltrum, Langeoog, Spiekeroog und Wangerooge ziehen unten als Miniaturen im Stahlblau der Nordsee vorbei, mit gleißenden Sandstränden, die grünendes Inselland rahmen. Türkis bis marineblau je nach Wassertiefe zeigen sich weite Wattlandschaften und Seemarschen. Zusammen mit dem niederländischen Wattenmeer und dem Nationalpark Schleswig-Holsteinisches Wattenmeer zählt das riesige maritime Schutzgebiet seit 2009 zum UNESCO-Weltnaturerbe! Föhr rückt ins Blickfeld. Die Insel wirkt winzig in der Fläche der See, die unerbittlich und beständig an der knapp bemessenen Landmasse nagt. Wiederkehrende Naturgewalten wie

Sandbank vor Norderney und Nordseeinsel Baltrum im Sonnenlicht (links oben); Minser Oog und Wangerooge im Spiel der Gezeiten (rechts oben); die Insel Juist mit dem Billriff ganz im Westen aus der Vogelperspektive (unten)

Sturmfluten und Winderosion haben einst große Flächen Land ins Meer gedrückt, was bei Ebbe als Schlicklandschaft sichtbar wird. Ist die Flut fort, schaffen es geübte Wattwanderer zu Fuß zur Nachbarinsel Amrum hinüber. Während die Einmotorige kreist, durchziehen unten schmale Fahrwege Wiesen und Felder, Pferde weiden auf sattgrünen Koppeln, abgelegene Bauerngehöfte zeichnen ein idyllisches Bild. Der putzige Inselflugplatz könnte unseren Flieger zu einer Landung verlocken, aber schon geraten die nächsten Perlen ins Blickfeld: Westerlands Rotes Kliff, dahinter der Leuchtturm von List, die Umrisse der Sandinseln Rømø, Mandø und Fanø im dänischen Nationalpark Vadehavet. Zahlreich warten auf der Ostseite Schleswig-Holsteins weitere maritime Paradiese, die sich bis zu den mecklenburg-vorpommerischen Küstenparadiesen Fischland-Darß-Zingst, Hiddensee, Rügen und Usedom ziehen.

NACHERLEBEN

Inseln im Flug entdecken: Rundflüge mit verschiedenen Routen und Flugdauer starten ab Emden über Ostfriesland, ab Borkum über die ostfriesischen Inseln und ab Helgoland zum Rundflug über Helgoland sowie Erkundungsflug zu den vorgelagerten Offshore-Windparks. Ganzjährig möglich, Mindestteilnehmerzahl sechs Personen.
www.fliegofd.de

Die Insel Amrum mit Kniepsand im Gegenlicht

Ja, ich will – auf Gran Canaria

FLITTERN IN DER KARIBIK EUROPAS

Um barfuß am Strand zu heiraten, muss man nicht bis in die Karibik fliegen: Auch auf Gran Canaria kann man in tropischem Ambiente oder direkt am Wasser *Ja* sagen.

Die berühmten Maspalomas-Dünen sind Teil eines geschützten Naturreservats, das auch einen fantastischen Strand und Palmenwälder umfasst. Die Dünen sind ein magischer Ort für Fotos oder die Trauung. Auch Dünen und Strand von Tufia im Osten der Insel mit schwarzem Sand und weißen Häusern im Hintergrund sind das perfekte Setting für Fotos oder eine lässige Hochzeit. Wer auf dem Wasser und ungestört feiern will, chartert einen luxuriösen Katamaran und fährt an der Küste entlang. Grandiose Ausblicke sind garantiert.

Auf Gran Canaria kann man seine Trauungszeremonie persönlich und nach eigenen Vorstellungen gestalten. Einige Fincas und Haciendas öffnen dafür ihre Privatgärten. Zu den bekanntesten Locations zählen die Hacienda del Buen Suceso und die Finca Condal Vega Grande. Im Marquesa-Garten in Aruca und im Huerto de las Flores im Nordwesten der Insel, in Agaete, sorgen exotische Blumen für eine fast tropische Atmosphäre.

Eine der romantischsten Hochzeits-Locations aber ist der Montecristo-Garten: Im Ayagaures-Tal hat der Pflanzenkünstler, Maler und Bildhauer Guy Martin einen vier Hektar großen Naturpark erschaffen. Nicht nur die Skulpturen und Pflanzen aus der ganzen Welt machen den Park zu etwas Besonderem. Es gibt auch außergewöhnliche Unterkünfte, wie ein Höhlenzimmer mit Baldachinbett und Blick auf die Gärten. Da bleibt man am besten gleich für die Flitterwochen ...

NACHERLEBEN

Für Ferien fernab der großen Hotels und touristischen Pfade ist der Montecristo-Park ein rundum faszinierender Ort. Höhlen, Felsen, Wasser, Gärten, alles findet sich hier. Kunst natürlich auch. Man kann auch nur zum Frühstück oder zum Spaziergang herkommen. Zur Einstimmung lohnt ein Blick auf die zauberhaften Internetbilder.
https://montecristo-grancanaria.com

»Hochzeitsplatz« im Montecristo-Garten (oben links); Romantik mit Meerblick: in den Dünen von Maspalomas (oben rechts) oder am Strand von Tufia (unten)

DEUTSCHLAND

Luxus zwischen Eis und Schnee

KUSCHELIG UND GEMÜTLICH
IM IGLU ÜBERNACHTEN

Stilecht in der grönländischen Igloo Lodge am Ilulisat Eisfjord, inklusive Motorschlitten, Schneeschuhen und bis zu minus 20 Grad? Heiße Nächte in Alaska im Aurora Ice Museum oder doch lieber am Nordpool mit Hundeschlittenfahrt und Polarlicht? Wer nicht so weit zur frostigen Kälte will, muss in die Alpen, zum Beispiel ins Iglu-Dorf Zugspitze. Auf dem höchsten Berg Deutschlands wird Luxus auf 2600 Metern großgeschrieben: Bar, Restaurant, Whirlpool, Sauna – alles da, wie auch bei klarer Sicht ein atemberaubender Rundblick auf die Alpenkulisse. Und was kann man hier tun, außer nach einem zünftigen Käsefondue in einem Iglu-Eisdomizil unter dem Sternenhimmel zu übernachten? Die beliebteste der angebotenen Aktivitäten ist eigenhändig eines zu bauen, unter Anleitung sachkundiger Bergbazis. Das Iglu-Dorf Zugspitze gehört zur schweizerischen Iglu-Dorf-Gesellschaft, weitere Standorte sind Davos Klosters, Gstaad (Berner Oberland), Kühtai (bei Innsbruck), Zermatt (am Matterhorn) und Stockhorn (Berner Oberland). Das österreichische Ötztal hält mit seinem Schneedorf grandios mit, im Hauptiglu finden 50 Personen Platz! Eine Honeymoon-Suite bietet das Alpeniglu Dorf Brixental in den Kitzbühler Alpen, einen echten Eispalast die IgluLodge Allgäu. Wen es jenseits der deutschsprachigen Alpenwelt in die Ferne zieht, wird an vielen Orten Europas fündig: In den Igloo Villages in Slowenien beispielsweise sowie den Snow Villages Kittilä und dem Kakslauttanen Arctic Resort in Finnland.

NACHERLEBEN

Stilecht veranstaltet das norwegische Kirkenes Snowhotel seine Eis-Show samt Huskys und Rentieren am Polarkreis. Ende Dezember bis Ende April finden frostige Aktivitäten wie Ausflüge mit Schlittenhunden, Königskrabben-Safaris, Eisfischen und Schneemobiltouren statt. Temperaturen zwischen -10 bis -30 °C dürften beim gebotenen Luxus nicht abschreckend wirken.
www.snowhotelkirkenes.com

Glasiglus im finnischen Kakslauttanen Resort (oben); die kuschlige Fellgarnitur gehört zur Standardausrüstung der »Zimmer« im Iglu-Dorf Zugspitze (unten).

DEUTSCHLAND

Wie Sylt an einem Sommertag

MAURITIUS IM TAUSCHGESCHÄFT

Wer an Keitums verwunschener Wattlandschaft vorbeiradelt und dabei auf reetgedeckte Luxuskaten blickt, hat die Lieblingsinsel der Deutschen schon zur Hälfte erfasst. Es geht an naturgeschützter Wattlandschaft entlang bis zur »Kupferkanne«, die ausgehungerte Wattwanderer mit Sylter Grütze auf Vordermann bringt. Man sieht sie noch nicht, aber hört sie schon, die tosende Brandung der Nordsee, die Sylts Welt der Sandberge auf endlosen Strandkilometern säumt. Vor allem der September steht hier im Zeichen des Surfsports, wobei Windsurfen, Kitesurfen und Wellenreiten zu jeder Jahreszeit auf Sylt ein Highlight sind. Vor Kampens Buhne 16 findet das einzige Longboardfestival Deutschlands statt. Ziemlich artistisch kann es je nach Wind und Wellenlage werden, zum Beispiel beim gewagten »Noseriding«, bei dem der Surfer wagemutig übers Board bis zur Spitze seines Bretts läuft.

Überhaupt zieht es immer mehr Touristen auch im Winter auf die Insel. Wild donnernd laufen die Brecher dann ein, der Wind jagd Wolken über den Horizont, derweil in Mauritius Regenzeit herrscht – mit tropischen Schauern und brütend heißen Temperaturen! Entschleunigung heißt dann auf Sylt das Thema: Wer bei rauschendem Wellengang durchgepustet und mit prickelnder Kälte im Gesicht in die Sylter »Sansibar« kommt, sich einen schottischen Malt-Whisky bestellt oder im Keitumer Kontorhaus indischen Chai-Tee und Kakaobohnen aus Madagaskar, hat die winterliche Seite von Sylt und seine sehr speziellen Reize begriffen.

NACHERLEBEN

Morsumer Kliff: Naturschutzgebiet mit einzigartiger Pflanzen- und Tierwelt. Kliffweg: Die Strecke zwischen Keitum und Kampen zählt zu den schönsten Wanderwegen der Insel. Rotes Kliff: Die schroff abfallende, durch Oxidation rot gefärbte Steilküste entstand vor 120 000 Jahren durch Gletscherablagerungen. Ellenbogen: Sylts wilde und naturbelassene Nordspitze mit großen Dünen und herrlichen Stränden. ***www.naturgewalten-sylt.de, www.sylt.de***

Kleine Teestube in Keitum (oben links), Kitesurfer am Strand von Westerland (oben rechts); viel Kundschaft in der berüchtigten Rantumer »Sansibar« (unten)

Kleine Teestube

Bardsey Island statt Frégate

WALES' YNYS ENLLI

Während der Fahrt von Aberystwyth nach Pwllheli reihen sich spektakuläre Ausblicke auf traumhafte See-, Berg- und Küstenlandschaften wie Perlen auf der Kette. Kurz vor dem Ziel zieht Criccieth, das Tor zum Naturparadies der Halbinsel Llyn, an den Wagenfenstern vorbei. Das Städtchen liegt an einem Superstrand, ist landestypisch, friedlich und bildschön. Pittoresk thront über der Bucht das eindrucksvolle Criccieth Castle, das Prinz Llywelyn I. 1799 auf einen steilen Felsen setze – das Bollwerk am Zugang zur Llyn Peninsular. Mit der Llyn-Halbinsel beginnt ein Paradies, in dem es nichts zu besichtigen gibt, außer was natürlich ist. Schnell stellt sich auf Land's End, der westlichen Spitze, die sich mit bizarren Felsbrocken weit in die Irische See hinauszieht, eine spezielle Ruhe ein, meditativ irgendwie. Nur vom Wind durchzogen und vom Blöken klettertechnisch begabter Schafe, die sich auf steil zerfurchten Klippen alltäglich grandiose Ausblicke antun müssen. Zwischen Pwllheli und diesem selten schönen Ende von Wales ließ sich William Glynne Griffith, Sheriff von Caernarvonshire und Member of Parliament, um 1780 sein georgianisches Landhaus Plas Bodegros bauen. Pilger stiegen hier als Übernachtungsgäste auf dem Weg nach Bardsey Island ab, das vor Land's End aus dem Dunst der See steigt. Seine walisische Bezeichnung Ynys Enlli (»Insel der starken Strömungen«) war Programm. In alten Zeiten wurden drei Reisen vom Festland dort hinüber als Pilgerfahrt nach Rom angerechnet, so gefahrvoll war der Trip. 20 000 Heilige sollen auf dem meerumtosten Eiland begraben liegen, so geht die Legende. Schon um 500 hatte der heilige Cadfan auf dem unwirtlichen Felseiland ein Kloster errichtet, Abteireste stammen aus dem 13. Jahrhundert. Wobei die Legende besagt, man stürbe auf Ynys Enlli ausschließlich an Altersschwäche, derart gesund sei sein Klima – ein Reisegrund, der als Leben verlängernde Maßnahme gilt. Was auf Frégate Island, eine der Inseln der Seychellen, vielleicht in ähnlicher Weise

Die putzigen Austernfischer (oben links) fühlen sich auf dem (fast) menschenleeren Felsklotz Bardsey Island (unten) vor der Llyn-Halbinsel genauso pudelwohl wie die vielen Schafe (oben rechts).

zutrifft. Wie auf Bardsey leben nur wenige Menschen auf dem begnadeten Eiland, das ein Milliardär sein eigen nennt: Ein paar Angestellte kümmern sich um wenige, gut betuchte VIP-Gäste, eine handvoll Naturschutz-Ranger um biologisch wertvolle Flora und Fauna (zum Beispiel die vom Aussterben bedrohte Echte Karettschildkröte, die zur Eiablage kommt). Man ersetze Fregattvögel durch Schafe, den Indischen Ozean durch die Nordsee, und beinahe wären sie austauschbar. Außerirdisch ist beiden die extreme Lage. Nur dass Ynys Enlli, die Insel der Pilger, eine Win-Win-Geschichte, leicht erreichbar und für schmales Geld in Wales zu finden ist: Dreimal hin und zurück und man spart sich Rom. Ins ferne Frégate reist man lange und spart sich nichts.

NACHERLEBEN

Portmeirion, ein pastellfarben-mediterranes Kunstprodukt à la Disney-World, Baujahr 1927, liegt an der Küste von Snowdonia im Norden von Wales. Die barocke Architekten-Phantasie Sir Clogh Williams-Ellis kommt mit orginal toskanischer Piazza, ionischen Säulenkolonaden, Buddha-Statuen, gothischem Pavillon, venezianischem Campanile und Kuppeldom daher. ***www.portmeirion.wales und www.visitwales.com***

Bardsey Island Lighthouse steht seit 1821 an der Südspitze von Ynys Enlli, der Insel der Pilger.

Heiraten im Leuchtturm

RINGTAUSCH AN NORD- UND OSTSEE

Von jeher üben Leuchttürme als Symbole des Lichts, der Sicherheit und des Lebens große Faszination aus, weshalb sie als magische Orte für Heiratswillige immer beliebter werden: in Australien, in Neuseeland oder am liebsten am Kap der Guten Hoffnung, wo ein rundes Dutzend Ringtausch-Kapazitäten ausweist. Das Danger Point Lighthouse in Gansbaai zählt dazu, das sich seit 1895 als achteckiger schneeweißer Turm mit knallrotem Top in den Himmel reckt, das Cape Columbine Lighthouse bei Paternoster, erbaut 1936, sowie das Slangkop Lighthouse, Jahrgang 1919.

NACHERLEBEN

Stilecht in einem vorzugsweise rot-weiß geringelten Leuchtturm zu heiraten und vielleicht auch noch vom Leuchtturmwärter persönlich getraut zu werden, ist der Traum vieler junger Paare. Auch an den Küsten des europäischen Auslands bieten bildschöne historische Denkmäler in Form lebensrettender Leuchtfeuer die perfekte Location mit einzigartigen Hochzeits- und Flitterprogrammen an.
www.hochzeit.com

Mittlerweile funktioniert »für immer und ewig« im Leuchtturm auch in Deutschland ganz hervorragend, zum Beispiel im ostfriesischen Pilsumer Leuchtturm in Krummhörn-Greetsiel. Berühmt wurde die eher bescheidene Location durch Otto Waalkes Filmkomödie *Otto, der Außerfriesische* als filmisches Domizil des Komikers. Paare können sich im Trauzimmer des rot-gelb geringelten Wahrzeichens nicht nur trauen lassen, auch das Drumherum von Kutschfahrt bis Hochzeitstauben wird je nach Geschmack geliefert. Der Rungholtturm auf der nordfriesischen Hallig Pellworm rühmt sich, das höchstgelegene Standesamt im Norden zu betreiben, das mitten im UNESCO-geschützten Wattenmeer von Amts wegen funktioniert. Auch der Leuchtturm Falshöft bei Pommerby wartet mit einem Hochzeitskonzept auf: Das historische Prachtstück von 1910 hat einen Balkonaustritt mit grandiosem Ausblick und ein Trauzimmer fürs standesamtliche Eheversprechen.

Das höchstgelegene Standesamt im Norden: Leuchtturm Pellworm (oben links); Brautpaar vor Leuchtturm Dornbusch auf Hiddensee (oben rechts); Pilsumer Leuchtturm auf dem Deich mit Trauzimmer (unten)

Sardiniens Buchtentraum

GLASKLAR WIE IN DER KARIBIK

Geldschwere Prinzen hat die Karibik eher nicht zu bieten. Schon aber sardische Insignien wie bildschöne Buchten und gut gefüllte Jachthäfen, Kochkunst und luxuriöse Strandresorts, glasklares Wasser sowie für Schnorchler und Taucher ein fantastisches Unterwasserparadies. Wie Sardinien. Nur dass die Anreise mehr als die zehnfache Zeit verbraucht. Ins sardische Olbia funktioniert ein Flug in 60 Minuten. Wer hier einfliegt, landet inmitten der sardischen Seele. Aus gezackten Bergketten, Inseln und Halbinseln mit tiefblauen Buchten, auf denen Segler dahinziehen, Stränden aus goldgelbem Sand in einer üppig grünenden Landschaft zwischen Korkeichenwäldern und wildwürzig duftender Macchia spielt am Capo d'Orso der Film. In Capo Testa, der nördlichsten Spitze Sardiniens, steigt zwischen brockigen Felsblöcken ein weißer Leuchtturm ins Azurblau. Bizarr ragen Granitfelsen wie Skulpturen aus der bildschönen Kulisse. Nur 15 Minuten per Boot sind es vom Festland bis zur Inselwelt »La Maddalena«. In der gleichnamigen Hauptstadt des 62 Inseln zählenden Archipels sind die Hafenkais mit luxuriösen Segel- und Motorjachten so prall gefüllt wie Cafés, Bars und Boulevardterrassen zwischen Kathedrale und Promenade. Wirklich erfassen lässt sich der Reiz Nordsardiniens an der sagenumwobenen »Costa Smeralda«, die sich als Synonym für luxuriöses Beachlife der VIPs aus Film, Politik und Showbiz einen Namen gemacht hat.

NACHERLEBEN

Auf der wildromantischen Gallura an der äußersten Nordspitze Sardiniens hat sich Francesco Muntoni für seine Delphina Hotels & Resorts die besten Küsten-Spots ausgesucht. Das schönste der sehr unterschiedlich konzipierten Domizile ist das kleine Capo d'Orso Hotel Thalasso & Spa (fünf Sterne), das mediterrane Träume von der ersten Sekunde an wahr macht.
www.delphinahotels.de und www.sardegnaturismo.it

Große wie kleine Boote schaukeln gemütlich im Hafen von La Maddalena (oben links); bizarre Felsformationen – der berühmte Bär am Capo d'Orso (oben rechts) – und das azurblaue Meer, wie in der Cala Spinosa am Capo Testa (unten), harmonieren hier prächtig.

Austern gratis auf Rømø

STATT VIRGINIAS »OYSTER TRAIL«

Wildern kann legal sein. Zumindest auf Rømø, dem Mekka für Austernfans, die sich ihr »Superfood« gern selbst aus dem Meer holen möchten. Das richtige Outfit für die Exkursion ins Watt ist wasserfest: Gummistiefel, Anorak. Den Zeitpunkt für den Ausflug zu den Austern bestimmt die See – gut eine Stunde vor Niedrigwasser ist ideal, um rechtzeitig vor der Flut wieder an Land zu sein.

Ein paar Hundert Meter, maximal ein Kilometer vor der Küste, sind die Austernbänke auf Rømø zu finden. Je weiter draußen, desto besser die Qualität der Muscheln. Wer keine Watt-Erfahrung hat, tut gut daran, sich einer Gruppe anzuschließen und mit Guide zu den Austern zu wandern.

Die Auster vor der dänischen Küste hat einen Migrationshintergrund: Sie kommt aus dem Pazifik und breitet sich da aus, wo ursprünglich die einheimische Auster lebte. Damit sie anderen Arten nicht den Lebensraum streitig macht, wird sie abgesammelt, das ist aktiver Naturschutz. Und ein kulinarischer Genuss sind die Edel-Muscheln natürlich auch.

Je nach Aufzuchtsort schmecken Austern unterschiedlich. Bestimmt wird der Geschmack durch Mineralien, den Salzgehalt und die Temperatur des Wassers, in dem sie wachsen. Fans reisen gerne an die US-Ostküste: In Virginia Beach gibt es einen richtigen »Oyster Trail« und Gourmet-Verkostungen. Rømø kann da durchaus mithalten: Beim Austernfestival im Oktober werden die Meeresfrüchte in vielen Variationen serviert. Frischer sind sie nur beim wilden Sammeln: Wer mit Austernmesser, Handschuh und Zitrone loszieht, kann sie auf Rømø gleich an Ort und Stelle genießen.

NACHERLEBEN

Geführte Touren zu den Austernbänken, an denen man sich zum Eigenbedarf bedienen darf, finden zwischen Oktober und April statt. Die Guides zeigen, wie man die Muscheln öffnet und wie man feststellt, ob sie genießbar sind. Infos beim Naturcenter Tønnisgård auf Rømø.
www.tonnisgaard.dk/de

Wasserfest verpackt ins Watt ziehen und mit einem Korb voll Austern zurückkehren: Das Genießer-Glück auf Rømø ist gratis.

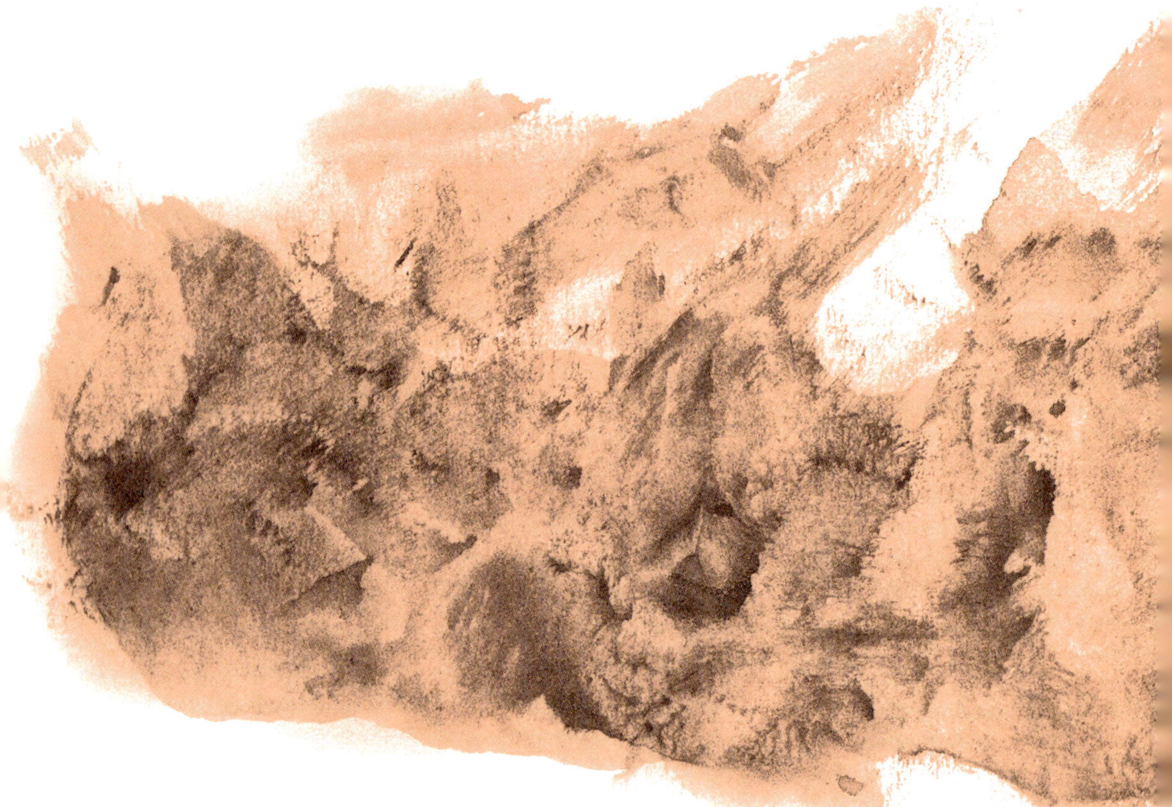

Architektur, Kunst & Design

DEUTSCHLAND

Die schönsten Seebrücken

AN DER OSTSEE
UND IN SWAKOPMUND

Was haben die Kaiserbäder auf Usedom, Ahlbeck, Bansin, Heringsdorf, und die Seebäder Rügens, Binz und Sellin, gemeinsam? Ihre Wilhelminische Prachtarchitektur mit herrlichen Villen, feine Promenaden mit exquisiten Strandhotels und zum Flanieren äußerst beliebte Seebrücken, die früher als Anlegestege für Dampfer und Segler weit ins Meer hinausreichten – und das auch heute noch tun: Heringsdorfs Kaiser-Wilhelm-Brücke wurde 1893 errichtet, die neuzeitliche Version ist samt Brückenhaus und Restaurant mit 508 Metern von allen die längste! »Wen wundert's«, erzählt der waschechte Ahlbecker Jörg Gleissner beim Gang an den Villen der Heringsdorfer Strandpromenade entlang, »dass es Leute wie Heinz Rühmann, Theodor Fontane und Heinrich Mann hierherzog?« Villa Hintze, St. Hubertus, Oasis, Schmiedehaus und Fontane-Haus heißen die Prachtexemplare, Heinrich Mann und Engelbert Humperdinck bevorzugten das noble »Strandhotel« gleich daneben. »Damals, zu Kaiser Wilhelms Zeiten«, erzählt der Inhaber des Heringsdorfer Aktions-Restaurant »Stellwerk«, »sonnte sich die Frau Geheimrätin mit ihren Töchtern am Strand, und der Herr Papa reiste aus Berlin nur fürs Wochenende an.« Und weiter nördlich: nur hereinspaziert in die Strandvillenpracht des Architekturwunders Binz, das stolz eine Bäderarchitektur ausstellt, die nur Rügens berühmte Steilküste noch toppt. »Betuchte Besucher kamen früher mit der Dampfeisenbahn direkt aus Berlin über die

NACHERLEBEN

Neben der Zinnowitzer- und der Ahlbecker Seebrücke bietet das Rügener Seebad Sellin mit 394 m ein Prachtstück auf, das Fürst Malte zu Putbus 1895 errichten ließ. Zu DDR-Zeiten abgerissen, wurde die Schöne 1998 wiederaufgebaut. Alle drei, wie auch das Heringsdorfer, besitzen ein Brückenhaus und ein Restaurant.
www.drei-kaiserbaeder.de, www.ostseebad-binz.de

Die Seebrücken der Kaiserbäder Heringsdorf (links oben) und Ahlbeck auf Usedom (unten) zählen mit zu den schönsten, allerdings macht sich die Zinnowitzer Konkurrenz auch nicht schlecht (rechts oben)!

Vinetabrücke
Ostseebad Zinnowitz

PALMENGARTEN
SEEBRÜCKE

Stralsunder Brücke«, erzählt Ortsführer Klaus Boy. »Die Märchenbuch-Villen mit ihren opulenten hölzernen Anbauten waren ein Lockmittel: Je größer und kunstvoller die Zimmermannsarbeiten waren, desto profitabler funktionierte die Vermietung.« Was haben die kaiserlichen Strandgeschwister sonst noch an Gemeinsamkeit zu bieten? Das Seebad Swakopmund am Rand der namibischen Wüste – aber echt jetzt? Atmosphärisch kann »Swakop«, wie die Einheimischen ihre 1892 von den Deutsch-Kolonialen gegründete Atlantikperle liebevoll nennen, mit eben solcher Architekturpracht wie der Ostseebäder protzen. Auch seine »Jetty«, eine 295 Meter ins Meer getriebene Landungsbrücke, Baujahr 1905, hält im Vergleichstest kräftig mit. Dort im »Tub« gleich am Brückenkopf oder im »Jetty 1905 Restaurant« ganz am Ende bei Hummer oder fangfrischem Fisch zu sitzen, das hat Ambiente. Geht aber auch ohne Langstreckenflug auf einer der vielen Seebrücken zwischen Binz und Heringsdorf. Und wenn sich auf Rügen während der Hochsaison der Inselverkehr staut, freut sich der »Rasende Roland«, ein Dampfzug aus längst vergangenen Zeiten. Noch immer stampft und dampft das rußende eiserne Monstrum zwischen den Badeorten Göhren, Sellin, Baabe, Binz und Sassnitz – so wie Namibias Desert Express zwischen der Hauptstadt Windhoek und Swakopmund.

Der Star unter den Seebrücken residiert im Seebad Sellin auf der Insel Rügen.

ITALIEN

Toskana statt Bogotà

DIE KUNST DES BOTERISMO ERLEBEN

Fast jeder erkennt ein Werk Fernando Boteros sofort – die runden und voluminösen Körper, die er darstellt, ob als Gemälde oder als Skulptur, haben ihn weltberühmt gemacht. Es gibt sogar eine Bezeichnung für seinen Stil: Boterismo – eine Kunst, die die Fülle des Lebens verewigt. Botero ist einer der bekanntesten Künstler der Gegenwart – er hat ein ungeheuer reiches Werk geschaffen. Man findet Skulpturen von ihm überall auf der Welt. Am nächsten kommt man ihm in seiner Geburtsstadt Medellín in Kolumbien. Sein Heimatland hat ihm in Bogotá, der Hauptstadt, ein eigenes Museum gewidmet, in Medellín wurde ein ganzer Stadtteil nach ihm benannt: die Ciudad Botero; und auf der Plaza Botero sind gleich 23 seiner Skulpturen zu sehen. Botero liebt seine kolumbianische Heimat, in seinen Darstellungen wirkt sie überdimensioniert, extravagant und widersprüchlich. Medellín ist voller Leben und Tanz – ganz wie die Werke Boteros.

Man muss aber nicht bis nach Kolumbien reisen, um auf Boteros Spuren zu wandeln und seiner Kunst zu begegnen. Tatsächlich lebt und arbeitet Botero nämlich seit Langem einen Teil des Jahres im italienischen Künstlerdorf Pietrasanta, dem Zentrum der toskanischen Marmorbrüche oberhalb von Forte dei Marmi. Kunstliebhaber sollten sich auf jeden Fall auf den Weg vom toskanischen Meer hinauf in die Hügel der Versilia machen: Pietrasanta ist eine Hochburg vor allem der Bildhauerei, was sich auch in

NACHERLEBEN

In Petrasanta lohnt das Museo dei Bozzetti Pierluigi Gherardi den Besuch. Hier sind 700 »bozzetti« ausgestellt, Entwürfe von Skulpturen von mehr als 350 internationalen Künstlern, die in den Marmorwerkstätten und in den Bronzegießereien Versilias gearbeitet haben. Natürlich ist Fernando Botero vertreten; aber von Igor Mitoraj über Niki De Saint Phalle bis Giò Pomodoro ist die Vielfalt der Werke groß.
www.museodeibozzetti.it

Botero schuf Religiöses für die Misericordia-Kirche (oben links und rechts). Weltlicher ist die *Blaue Banane* von Giuseppe Veneziano vor San Martino (unten).

zahlreichen Ateliers, Kunstzentren, Galerien und Museen zeigt.
Fernando Botero kam seit den 1970er-Jahren regelmäßig hierher und schuf viele seiner Werke in Zusammenarbeit mit den Kunstgießereien und Werkstätten der Region. 1983 erwarb er schließlich ein bezauberndes Haus, inmitten von Olivenhainen, am Weg zur Burg. Es ist leicht zu erkennen: Man muss nur ein Dach mit einem – natürlich ziemlich runden – Bronzehahn suchen. Sein Atelier richtete Botero aber mitten im Ort ein: Er zog sich vor allem im Sommer gerne in den großen und kühlen Werkraum in der Nähe des Domplatzes zurück, um an seinen Skulpturen zu arbeiten.
Viele Menschen aus Pietrasanta kennen ihn und seine Kunst. Sie gehört für sie zum Stadtbild: Zwei große Fresken mit den Titeln *Die Tür zum Paradies* und *Die Tür zur Hölle* schmücken den Innenraum der Misericordia-Kirche. Und auf der Piazza Matteotti ist der *Krieger* (von 1992) als ein rundlicher römischer Soldat präsent, der nicht ohne Ironie den Gast in Pietrasanta begrüßt. 2001 wurde Botero Ehrenbürger des Ortes. Seine italienische Wahlheimat verneigt sich damit auch vor einem Künstler, dessen Wurzeln in Italien liegen: 1780 waren seine Vorfahren, die Brüder Giuseppe und Paolo Botero, von Genua aus nach Medellín ausgewandert.

Highlight für Kunstliebhaber: das Museo dei Bozzetti Pierluigi Gherardi in Pietrasanta

DEUTSCHLAND

Schloss Sanssouci

DAS ORIGINAL
GIBTS NUR IN POTSDAM

Dass sich eines der ärmsten Länder der Welt, Haiti, eines Lustschlosses rühmen kann, ist absurde Geschichte. Diese erzählt von einem Henri Christophe, der sich 1803 Napoleon Bonapartes Herrschaft widersetzte und ein Traumschloss als Kopie des Potsdamer Sanssouci in den Dschungel setzen ließ, um nach französischem Vorbild Hofstaat zu halten. Seit 1982 steht die Ruinenkulisse Sans Souci auf der UNESCO-Welterbeliste.

NACHERLEBEN

Potsdam: Nach Fahrplan dampft die »Weiße Flotte« von der Residenzstadt Potsdam zum idyllischen Inselort Werder an der Havel, zum Einsteinhaus im Schloss- und Strandörtchen Caputh sowie rund ums historische Potsdam – das, umzingelt von der Havel und zahlreichen Seen, auch eine Insel ist. Eine Schlösserrundfahrt auf dem liebevoll restaurierten Dampfschiff Gustav, Jahrgang 1908, ist unbedingt zu empfehlen.
schifffahrt-in-Potsdam.de und www.potsdamtourismus.de

Beinahe zur gleichen Zeit, nur wenige Jahre nach dem Fall der Berliner Mauer, schafft es das Potsdamer Orginal Friedrichs II. ebenfalls auf die Liste. Es entstand nach königlichen Skizzen und den Plänen des Architekten Georg W. von Knobelsdorff zwischen 1745 und 1747 – Henri Christophes Sans Souci zwischen 1810 und 1813, mit prächtigen Böden aus Marmor und Mosaiken. Beiden Schlossherren widerfuhr ein wenig zufriedenstellendes Schicksal: Nach jahrelangem Warten auf Napoleons Rache ereilte Christophe ein Schlaganfall, der ihn halbseitig lähmte, woraufhin er sich mit einer silbernen Kugel in seinem Sans Souci erschoss. Der Alte Fritz, wie der Volksmund den ehemaligen Preußenkönig Friedrich II. gerne nannte, verstarb ebenfalls in seinem Schloss, hatte aber eine noch viel längere Wartezeit zu meistern: Seinem Wunsch, im Potsdamer Sanssouci beigesetzt zu werden, wurde erst 1991, also über 200 Jahre nach seinem Ableben, entsprochen.

Schloss Sanssouci: Die prachtvolle Residenz des Alten Fritz mit ihren berühmten Weinbergterrassen (unten) zieht Besucher aus aller Welt magisch an.

SPANIEN

Vulkan-Kunst auf Lanzarote

CÉSAR MANRIQUES
MONTAÑAS DEL FUEGO

Bis zu 3000 Meter hoch ragen die Gipfel der französischen Insel Réunion aus dem Indischen Ozean auf. Was dort vor rund drei Millionen Jahren aus feuerspeienden Erdspalten himmelwärts wuchs, ist wahres Teufelszeugs. In jedem Fall brodelnde Hexenküche, die Menschen wie magisch anzieht. Und heutzutage? Der Ausbruch La Palmas Cumbre Vieja war neben der Tragödie ein touristisches Ereignis, der des Souffriére brachte das karibische Monserrat in die Knie, Hawaiis Kilauea lässt seit Jahrzehnten glühende Lava auf Big Island fließen. Eruptionen ruinieren ganze Regionen, können aber auch Neues kreieren, wie die wuchernde Natur auf den neuseeländischen Vulkaninseln Little Barrier Island und Rangitoto zeigt. Auf der Basis hat Lanzarote vulkanisches Unglück als Geschäftsmodell optimiert. »Am 1. September öffnete sich unvermittelt die Erde in der Nähe von Timanfaya, ungefähr zehn Kilometer von Yaiza entfernt. Ein enormer Berg hob sich aus dem Schoß der Erde empor, und aus dem Gipfel entwichen Flammen, die 19 Tage lang brannten.« Die Schilderung von Don Andres Lorenzo Curbelos, damals Dorfpfarrer von Yaiza, beschreibt einen von vielen Vulkanausbrüchen, die zwischen 1730 und 1736 die Insel veränderten. Mystische Synthesizerkompositionen untermalen die geführte Tour auf der Ruta de los Volcanos durch den Parque Nacional de Timanfaya. An den Wagenfenstern drücken sich Touristen die Na-

NACHERLEBEN

Zu César Manriques Vermächtnis zählen der Mirador del Rio, die unterirdischen Grotten Jameos del Aqua, das Denkmal der Fruchtbarkeit in Mozaga, das Museum für moderne Kunst im Castillo San Jose in Arrecife, der Kaktusgarten El Jardin de Cactus sowie der Naturpark Timanfaya in den Montañas del Fuego. Die Fundación César Manrique stellt sein ehemaliges Wohnhaus samt Atelier in Tahiche aus.
www.fcmanrique.org und www.turismolanzarote.com

Vermächtnis des großen Künstlers: Monumento al Campesino (oben links), Pool in seinem Lava-Wohnhaus in Taro de Tahiche (oben rechts) und das Mirador del Rio mit seinem riesigen Panoramafenster (unten)

sen platt, während draußen eine Landschaft vorbeizieht, die 32 Vulkankegel prägen, deren Krater aus erstarrter Lava herausragen. »Montañas del Fuego«, Feuerberge, nennt sich das 200 Quadratkilometer große Szenario in den Farben Schwarz bis Ockerbraun. Wie viel Feuer drinnen ist, wird vor Ort gleich demonstriert: Ein Spaltenschlund verbrodelt Vulkanhitze, auf einem Höllengrill brutzeln Steaks, 400 °C sollen es acht Zentimeter unter der Erdkruste sein. »Der Natur auf die Finger geschaut«, erklärte César Manrique, Lanzarotes berühmter Bildhauer, Designer, Architekt, Maler und Ökologe, der für den diabolischen Grill und das satanische Restaurant mit Aussichtsterrasse wie auch für die Schaffung des Nationalparks drumherum verantwortlich ist. Manriques Haus in Taro de Tahiche ist so erstaunlich vulkanisch wie der 1992 verstorbene Künstler als Naturformer exzentrisch. Inmitten eines Lavastromes erbaut, zeigen verschachtelte Wohn- und Arbeitsebenen ein Bild fantasievoller Gestaltung. Fährt man hinauf in die Berge, nach Teguise, der alten Hauptstadt Lanzarotes, begegnet man Stilelementen, die der Künstler liebte: weichen, sanften Linien, runden Kanten, warmen Schatten; Hausdächer empfinden Vulkankegel nach, prägen eine Architektur, die beruhigt und versöhnt. Während jeder Zeit eines der Ventile des glühenden Erdinneren Asche, Lava und Feuer speiend losdonnern kann.

Der terrassenförmig angelegte Kakteengarten Jardín de Cactus von César Manrique bei Guatiza

Elphi statt Sydney

HAMBURGS NEUES WAHRZEICHEN

Sydneys Opernhaus verleiht einem der prominentesten und schönsten Plätze im ganzen Gebiet des Hafens Glanz: Es ist für seine Architektur und seine Lage weltberühmt.

Wer Vergleichbares in Europa sucht, kommt an Hamburg nicht vorbei. Die Elbphilharmonie thront über der Einfahrt zur neuen Hafencity und ist längst zum neuen Wahrzeichen der Hansestadt geworden.

Einst wurde der Hafen in diesem Bereich industriell genutzt – die Gebäude am Kaiserhöft sind von der neugotischen Backsteinarchitektur der Speicherstadt geprägt. Die Hamburger haben ihre neue Philharmonie nach und nach ins Herz geschlossen und sie schließlich liebevoll »Elphi« getauft. Einen Kosenamen für ein Gebäude zu vergeben, das hatten sie bis dahin nur mit dem »Michel«, gemacht, der Barockkirche St. Michael, die mit ihrem Turm die Silhouette der Hansestadt prägt. Nun hat der »Michel« mit der »Elphi« Konkurrenz bekommen.

Die Philharmonie im Hafen beeindruckt schon durch ihre Größe: Sie erreicht am höchsten Punkt an der Kaispitze eine Höhe von rund 110 Metern. Der niedrigste Punkt an der Ostfassade liegt etwa 30 Meter tiefer. Das Gebäude hat 26 Geschosse, wobei es vom Erdgeschoss bis zur sogenannten Plaza – einer Aussichtsplattform – im achten Obergeschoss von der Fassade des alten Kaispeichers A umschlossen wird. Der ehemalige Kakao-, Tee- und Tabakspeicher stand an exponierter Stelle des Hamburger Hafens, heute markiert er die Einfahrt der Hafencity. Auf die Grundform des alten Speichers wurde ein moderner

NACHERLEBEN

Besonders großartig ist es, die Elbphilharmonie von der Wasserseite her zu erleben. Südöstlich des Konzerthauses befindet sich der Fähranleger »Elbphilharmonie«, der von der Linie 72 der HADAG angesteuert wird. Die kurze Fahrt von den Landungsbrücken auf St. Pauli und zurück ist ein absolutes Highlight jedes Hamburg-Besuchs.
https://hadag.de/de/linien/72

Die »Elphi« (oben links) begeistert außen auf der Plaza (oben rechts) wie innen im großen Konzertsaal (unten).

Aufbau gesetzt, dessen Glasfassade an Segel, Wellen oder auch Eisberge erinnert. Ein Besuch der »Elphi« ist ein Grund mehr, nach Hamburg zu reisen: Im ersten Jahr nach der Eröffnung pilgerten schon über 4,5 Millionen Besucher auf die Plaza, die Aussichtsplattform des Gebäudes. Und etwa 850 000 Menschen besuchten die über 600 Konzerte in der Elbphilharmonie. Seitdem hat sie nichts von ihrer Anziehungskraft verloren. Der Entwurf für die Elbphilharmonie stammt von den Basler Architekten Herzog & de Meuron. Das Gebäude beherbergt nicht nur die Philharmonie mit Konzertsaal und Nebenräumen, sondern auch 45 Eigentumswohnungen, die zu den teuersten der Stadt gehören. Damit ist die »Elphi« übrigens das höchste bewohnte Gebäude Hamburgs. Wie es sich anfühlt, hier zu wohnen, kann man auch als Hamburg-Besucher ausprobieren: Im Ostteil der 6. bis 20. Etage des Gebäudes ist ein luxuriöses Hotel eingezogen, das Westin Hamburg mit 244 Zimmern. Man findet in der 6. Etage der »Elphi« sogar einen Hotelpool vor und natürlich krönen viele Gäste ihren Aufenthalt mit einem Konzertbesuch im großen Konzertsaal. Wer zum legendären Hafengeburtstag Anfang Mai hier übernachten will, muss früh buchen, um einen der schönsten Plätze fürs Event zu ergattern.

Grandiose Architektur auf dem Sockel des Kaispeichers A in der HafenCity

Apulien »on tour«

WILDE KÜSTE & KULTUR

Großartige Reiserouten an fantastischen Küsten zählt die Welt viele: Der Oman bietet 1000 Kilometer am Indischen Ozean, auf 1500 kommt die namibische Skeleton Coast am südlichen Atlantik, auf knapp 300 schafft es Australiens Great Ocean Road. Alle drei verbindet ihre Lage am Ende der Welt und eine grandiose Natur. Was einen Reiz hat, den Apulien mit einem Road Trip entlang seiner Küste noch toppt. Nach dem Start in Bari steht als Erstes Monopoli mit zahlreichen Kathedral- und Kirchbauten auf dem Programm. Rund um den Hafen erstreckt sich ein Geflecht charmanter Altstadtgassen, Festungsmauer inklusive. Brindisi beeindruckt mit seiner pittoresken Hafenbucht, einer stattlichen Bootsflotte und der Schlossanlage Castello Svevo di Brindisi aus dem 13. Jahrhundert. Etwas abseits der Küste residiert die Perle des Barocks, Lecce, das sich zu Recht als »Florenz Apuliens« bezeichnen darf. Der nächstfolgende Kulturstopp ist Otranto am östlichsten Zipfel des italienischen Stiefels. In schwindelnder Höhe kämpft sich der Wagen kurvige Serpentinen hinauf, atemberaubende Ausblicke gehen auf schäumende Brandung und romantische Felsbuchten tief unten. Über Capo d'Otranto geht es nach einem Fotostopp am Leuchtturm der Punta Palascia weiter zur Grotta dei Cervi und zum beliebten Thermalbad Santa Cesarea Terme. Der achteckige Leuchtturm und die gleichnamige Wallfahrtskirche am Kap Santa Maria di Leuca sind die letzten Stationen eines einzigartigen Panorama-Trips, der nicht nur in bella Italia, sondern weltweit seinesgleichen sucht.

NACHERLEBEN

Apulische Küche probieren: Orecchiette – Nudeln mit Gewürzen und Rüben; Tiella – Reis, Kartoffeln und Miesmuscheln mit Gewürzen und Kräutern im Terrakottatopf; Ciambotto di mare – köstliche Pfanne aus Fisch und Meeresfrüchten; junges Lammfleisch – im Tontopf mit aromatischen Zwiebeln und Kartoffeln gebacken
www.enit-italia.de

Das malerische Küstenstädtchen Polignano liegt verträumt an der Adria (oben), Ostuni mit seinen weiß gekalkten Häusern einige Kilometer im Inland auf einem Hügel (unten).

DEUTSCHLAND

Görliwood statt Hollywood

GROSSES KINO, WEITE WELT

Mit Charme und Atmosphäre inspiriert Görlitz, Deutschlands östlichste Stadt, Filmemacher und Produzenten. Die Altstadt mit ihren zahlreichen Gebäuden aus dem Barock, der Gründerzeit und anderen Epochen bietet eine großartige Kulisse für Filme. Mit ihren 4000 Baudenkmälern aus 500 Jahren gilt die Stadt als größtes Flächendenkmal Deutschlands.

Schon in den 1950er-Jahren wurde Görlitz für den Film entdeckt – inzwischen sind hier über 100 nationale und internationale Produktionen gedreht worden. Und Görlitz durfte sich schon über sechs Oscar-Auszeichnungen freuen: Kate Winslet erhielt einen Oscar für ihre Hauptrolle im Film *Der Vorleser*, der teilweise in der Stadt entstand. Christoph Waltz gewann einen Oscar als bester Nebendarsteller für *Inglourious Basterds*, der zu Teilen in Görlitz gefilmt wurde. Und gleich vier Oscars gab es für die fast ausschließlich in der Stadt gedrehte Komödie *The Grand Budapest Hotel* von Wes Anderson, darunter auch den Oscar für das beste Szenenbild.

Nach und nach wurde Görlitz zu »Görliwood«. Und hat sich im Film immer wieder gekonnt verwandelt – etwa in Heidelberg, Frankfurt, München, Berlin, Paris oder New York. 2017 wählten Filmfans die Stadt sogar zu Europas Film-Location des Jahrzehnts. Selbst ein so großes Star-Aufgebot wie bei den Dreharbeiten zu *The Grand Budapest Hotel*, mit Ralph Fiennes, Willem Dafoe, Bill Murray, Tilda Swinton, Jude Law, Jeff Goldblum und Adrien Brody bringt die Anwohner nicht aus der Ruhe. Emma Thompson, die 2015 mit Brandon Gleeson und Daniel

NACHERLEBEN

»Film ab« heißt die Stadtführung der Görlitzer Touristinfo zu den Drehorten in »Görliwood«. Sehr cool und mit vielen Geschichten vom Set. Vorab findet man auf einen Klick die Filmografie, den »Walk of Görliwood« und viele Infos zur Filmstadt.
www.goerlitz.de/Goerliwood

Auf dem »Walk of Görliwood« können Filmfans die Filmstadt Görlitz erkunden; für die Dreharbeiten zum Kinofilm *Goethe!* ließ es die Filmcrew mitten im Sommer auf dem Görlitzer Untermarkt schneien.

DER HAUPTMANN
DER WELT
FRANTZ
AND THE
OSCAR GOES
TO GORLITZ
#GOERLIWOOD

Kasse
Kasse

Brühl für die Verfilmung des Romans *Jeder stirbt für sich allein (Alone in Berlin)* von Hans Fallada vor der Kamera stand, lobt die Gelassenheit der Leute: »Görlitz ist sehr friedlich und seine Bewohner unglaublich freundlich.« Viele nutzen natürlich die Chance, selbst als Komparsen bei Filmen dabei zu sein.

Seit 2020 gibt es den »Walk of Görliwood«: Bei einem Spaziergang lässt sich die Filmgeschichte der Stadt auf eigene Faust entdecken. Schaukästen in der Stadt zeigen etwa das Büro der ARD-Krimikommissare aus Wolfsland, das original Kerkerzimmer aus *Goethe!* und die Kulisse von *The Grand Budapest Hotel*. Natürlich finden auch häufig aktuelle Dreharbeiten für Filmproduktionen statt. Mit etwas Glück läuft man den Stars direkt in die Arme oder kann als Zaungast miterleben, wie aufwendig eine Location als Filmset hergerichtet wird. Kaum zu glauben, dass die DDR die Altstadt einst über Jahrzehnte verfallen ließ. Vermutlich trug die Grenzlage von Görlitz, das über eine Brücke mit Polen verbunden ist, dazu bei. Die deutsche Wiedervereinigung 1990 hat sie jedenfalls in letzter Minute gerettet. Heute ist Görlitz ein Juwel, ein Schatz, wo man sich auf Schritt und Tritt in einer Filmkulisse wiederfindet. Doch das Wunderbare ist: Görlitz ist echt.

Für die Hollywood-Komödie *Grand Budapest Hotel* wurde das Görlitzer Jugendstil-Kaufhaus mit seinem außergewöhnlichen Glasdach zum Hotel.

Spirituell & inspirierend

PHÁP-VƯƠNG-TỰ

Frankreichs kleines Vietnam

BUDDHISMUS IM BOURBON

Noyant d'Allier ist ein kleiner Ort im Bourbon – und es ist zugleich ein Stück Vietnam im Südwesten Frankreichs: Nach dem Indochina-Krieg kamen Mitte der 1950er-Jahre viele französisch-vietnamesische Familien nach Frankreich. Unter den Orten, die sie aufnahmen, war auch Noyant d'Allier. Das nahe Kohlebergwerk hatte 1943 geschlossen, die Arbeiter waren weggezogen. So war Platz da für die Menschen aus dem fernen Osten: Der kleine Ort mit seinen rund 700 Einwohnern wurde ein richtiges vietnamesisches Dorf, wo Frauen ihre traditionellen kegelförmigen Hüte tragen und wo es eine große Pagode mitten im Ort gibt. Die buddhistische Gebetsstätte wurde 1983 gebaut, eine Anlage mit beeindruckend großen Statuen: Löwen als Tempelwächter und der meditierende, sitzende Buddha der Erleuchtung im Zentrum. Buddhistische Mönche erfüllen diesen Ort des Gebets, der Meditation und der Kontemplation mit Leben. Natürlich sollte das buddhistische Zentrum eine Strahlkraft über die Region hinaus entfalten: Noyant mit der Phap Vuong Tù Pagode wurde ein beliebtes Ziel für Touristen. Mehr als 25 000 Besucher kommen jedes Jahr in das Dorf.

Das freut nicht nur den Bürgermeister, sondern auch Händler und Hoteliers. Die Gäste kommen aus der Nachbarschaft oder sind Touristen, die in Noyant die fernöstliche Lebensart authentisch erleben. Fast überall, vor allem in den exotischen Gärten der Pagode, kann man mit den »Tata« plaudern – wie die Vietnamesen ältere Frauen liebevoll nennen – oder sich von ehrenamtlichen Helfern die Tempelanlage zeigen lassen. Ein Höhepunkt im Jahreslauf ist das vietnamesische Neujahrsfest Têt, das Anfang Februar gefeiert wird.

NACHERLEBEN

Die Pagode, das vietnamesisch-buddhistische Zentrum, in Noyant informiert auf ihrer Website nicht nur über Programm, Anlage und Garten, sondern auch über Übernachtungsmöglichkeiten, Festivitäten und besondere Anlässe im Jahreslauf.
www.pagodenoyantdallier.fr

Fernöstliches Leben mitten in Frankreich: Das Dorf und die Pagode von Noyant d'Allier sind ein Stück lebendiges Vietnam.

Norwegens mystischer Norden

INDIANISCHE RITUALE UND SAMISCHER JOIK

Er gehört zum Urtümlichsten, was man in Europa heute noch hören kann – der kehlige, traditionelle Joik, der Gesang der Samen in Nordnorwegen. Ihre Schamanen sangen sich damit in Trance, ähnlich wie die Heiler der indigenen Völker Amerikas. Der Joik war den Christen so unheimlich wie den Missionaren die Rituale indianischer Medizinmänner. Als Ausdruck heidnischen Glaubens war er fast 300 Jahre verboten. Noch im 20. Jahrhundert durften die Samen ihre Sprachen nicht sprechen und ihren Joik nicht singen. 1999 hat sich die norwegische Regierung dafür offiziell entschuldigt. Inzwischen gibt es einen samischen Sender beim norwegischen Rundfunk und ein Parlament der Samen.

Der Legende nach erhielten die Samen ihren Joik von Feen und Elfen. Wenn ein Kind geboren wird, schenken ihm seine Eltern seinen persönlichen Joik. Es sind nur ein paar Töne, ein Motiv, das im Laufe des Lebens erweitert wird, aber stets erkennbar bleibt. Im Norden Norwegens begegnet man dem Joik heute wieder. Seine archaischen Klänge berühren die Zuhörer tief. Eine urbane Szene mixt den Joik mit Elementen von Folk, Jazz oder Rock. Die Sängerin Mari Boine etwa, die bei der Hochzeit von Kronprinz Haakon mit Mette-Marit gesungen hat. Erleben kann man den traditionellen Joik bei Sámi-Festivals. Beim Riddu-Riđđu-Festival in Kåfjord feiern die Samen fünf Tage ihre Kultur mit Konzerten und Workshops. Zum Samen-Nationalfeiertag am 6. Februar gibt es in Tromsø eine samische Woche: Besucher können dabei auch das Joiken kennenlernen.

NACHERLEBEN

Im Norden Norwegens stoßen Urlauber immer wieder auf Spuren der Ureinwohner. Die Samen sind stolz auf ihr Erbe, sie bieten Gästen die Möglichkeit, Einblick in ihre Kultur zu bekommen und den Joik zu entdecken.
www.visitnorway.de/typisch-norwegisch/sami

Neben dem Joik untrennbar verbunden mit der samischen Kultur: Rentiere (links oben), die kittelähnliche Tracht (oben rechts) und die Koten (Goahti) genannten Wohnzelte (unten)

SCHLOSS MITSUKO

Mecklenburg trifft Kyoto

EIN ORT DER GÖTTER UND DER KUNST

Der Japan-Hain am Schloss Mitsuko ist einzigartig: Hier verbinden sich ein mecklenburgischer Schlosspark und fernöstliche Kultur. Wer an einen Japangarten denkt, sieht strenge Ordnung, Beete und Formen vor sich. Doch der Park ist kein Zen-Garten. Die Philosophie seiner Gestaltung ist die des Shinto. Sie lässt Raum für unterschiedliche Gottheiten. Mit seinen über 28 000 Quadratmetern ist der Hain ein Gesamtkunstwerk. Er zeigt das Japan der Götter, Geister und Schamanen, des Friedens und der Toleranz. Wer den Garten durch das Sonnentor betritt, entdeckt eine ferne Kultur.

NACHERLEBEN

Schloss Mitsuko und der Japan-Hain im mecklenburgischen Thürkow sind von März bis November von Dienstag bis Sonntag jeweils von 13 bis 17 Uhr geöffnet. Über Veranstaltungen und Besichtigungen des Schlosses informiert die Website stets aktuell. Um an einer Teezeremonie teilzunehmen, ist eine Anmeldung notwendig.
https://schloss-mitsuko.org

Für die aufwendigen Teezeremonien wurde im Hain ein japanisches Teehaus erbaut. Teilweise werden die traditionellen Süßigkeiten dafür selbst hergestellt. Das Anlegen des Kimonos benötigt Zeit, und die Zeremonie braucht eine rituelle Vorbereitung. Sie ist eine Einladung, sich mit der Zeit, den Elementen Wasser und Feuer, der Natur und der Kultur, aber auch der philosophischen Gedankenwelt Japans zu beschäftigen. Schloss Mitsuko selbst ist ein Gutshaus aus der Mitte des 19. Jahrhunderts. Der Name Mitsuko bedeutet »die Lichtbringende« und geht auf den Initiator der Anlage, Heinrich Johann Radeloff, zurück: Der 1931 in Rostock geborene Künstler lebte in Kyoto, seine Frau Mitsuko entstammt einem alten Samurai-Geschlecht. Die Dauerausstellung zeigt Tuschebilder, Kalligrafien, Skulpturen, wertvolle Kimonos und eine Porzellan- und Keramiksammlung. Auf dem Programm des Museums stehen Kalligrafie-Vorführungen, Ikebana- und Origami-Kurse.

Schloss Mitsuko (oben links und unten) und sein Japan-Hain (rechts oben) sind ein Ort geistiger und geistlicher Toleranz und Vielfalt.

Himalaya an der Costa del Sol

ERLEUCHTUNG UND RITUALE

Der tibetische Buddhismus mit seinen Meditationen und Ritualen der Achtsamkeit fasziniert in unserer westlichen Welt immer mehr Menschen. Spiritualität und Magie der Stupas und Tempel, der Klöster im Himalaya, in Tibet, Nepal und Nordindien wirken weit über die Region hinaus. Das Zentrum und Herz des buddhistischen Glaubens findet sich im nordindischen Bodhgaya, wo Buddha nach der Überlieferung die Erleuchtung erlangte, also den spirituellen Zustand des vollständigen Verstehens.
Der Stupa, der der Erleuchtung gewidmet ist, ist quadratisch mit vier Stufen und im tibetischen Buddhismus der meist verbreitete Typus eines Stupas. Da er das höchste Symbol der Gegenwart Buddhas ist, achten Gläubige darauf, nur im Uhrzeigersinn an ihm vorbeizugehen, die rechte Schulter respektvoll dem Bauwerk zugewandt. Den Stupa ehrerbietig zu umwandeln, ist ein wichtiges Ritual.
Auch der Stupa von Benalmádena an der Costa del Sol erinnert an die Erleuchtung Buddhas. Mit seinen 33 Metern Höhe ist er das größte buddhistische Bauwerk der westlichen Welt. Er repräsentiert Frieden, Harmonie und Wohlstand, dient zur Meditation und als Reliquienschrein. Im Inneren gibt es einen großen Meditationsraum, dessen Wände Künstler aus dem Himalaya mit Darstellungen von Szenen aus dem Leben Buddhas geschmückt haben. Unabhängig davon, ob Besucher des Stupas von Benalmádena religiös sind, begegnen sie durch die Kunstwerke dem Geist der Tempelwelt Tibets und Nepals. Der Ort strahlt Frieden und Ruhe aus und der Blick vom Haupteingang auf die Küste ist einfach atemberaubend.

NACHERLEBEN

Von Dienstag bis Sonntag ist der Tempel geöffnet, Zeiten stehen auf der Website. Dienstags und freitags findet abends eine geführte Meditation statt, zu der Gäste willkommen sind, sonntags gibt es Vorträge. Ein Laden bietet traditionelles Kunsthandwerk an, die Erlöse werden für die Erhaltung des Tempels eingesetzt.
www.stupabenalmadena.org

Der tibetische Stupa der Erleuchtung strahlt unter spanischer Sonne. Der Ort am Meer ist perfekt, eine Einladung zur Begegnung.

Shaolin in der Pfalz

KLOSTERLEBEN UND KAMPFKUNST AUS CHINA

Shaolin-Mönche leben für die Einheit von Körper und Geist. Selbstbeherrschung und Geduld gehören ebenso zu ihren klösterlichen Übungen wie die Kunst des Kampfes. Bekannt ist vor allem Kung Fu, die Grundlage chinesischer Kampfkünste, die vor etwa 1500 Jahren von den Mönchen entwickelt wurden. Um es im Kung Fu zu etwas zu bringen, braucht es Diziplin und Kraft, vor allem aber Willenskraft. Kein Wunder, dass der Name so viel wie »harte Arbeit« bedeutet: Das traditionelle Training ist streng und anspruchsvoll.

Im Shaolin Temple Europe, in Otterberg in der Pfalz, nicht weit von Kaiserslautern, kann man in die spirituelle Welt der Shaolin eintauchen. Dabei ist es egal, ob man auf Zeit im Kloster zur Ruhe finden möchte oder die Kampfkunst Kung Fu oder Tai Ji und Qi Gong erlernen möchte. Beim »Kloster auf Zeit« leben Gäste für mindestens eine Woche in der Gemeinschaft der Mönche den Klosteralltag. Einen großen Teil des Tages nehmen Kampftraining, Meditation und buddhistische Zeremonien ein. Doch es gibt auch Einweisungen in die traditionellen Shaolin-Tugenden und Unterricht in Buddhismus, Konfuzianismus oder Taoismus. Der Unterricht im Tempel wird von Mönchen und Meistern geleitet. Man muss kein Buddhist sein, um teilzunehmen, aber in jedem Fall möglichst fit. Nur wem der Arzt unbegrenzte Sporttauglichkeit bescheinigt, wird aufgenommen. Der Weg zum Kloster ist zwar kurz, gemessen an einer Reise in die chinesische Provinz Henan, wo der Ursprung des Shaolin-Ordens liegt. Doch der Weg zur Meisterschaft bleibt in der Pfalz genauso anspruchsvoll wie im fernen Osten.

NACHERLEBEN

Eine Woche im Shaolin-Kloster ist auf der Internetseite der Stadt Kaiserslautern buchbar. Natürlich kann man sich auch direkt beim Kloster über Veranstaltungen und Aufenthalte informieren. Plätze fürs »Kloster auf Zeit« sind begehrt, früh zu buchen wird empfohlen.
www.shaolintemple.eu

Der Shaolin-Tempel bei Kaiserslautern entführt die Gäste auf Zeit in die spirituelle Welt der Mönche.

Mallorcas Fenster zur Welt

ZUCKERHUT & CAPE POINT IN EINEM

Nach Rio zur Copacabana oder doch lieber ans südafrikanische Kap? Von Cape Point auf die größte zusammenhängende Wassermasse der Welt blicken? Schon reizvoll der Gedanke. Allerdings liegen beide Ziele ziemlich weit weg, während Mallorca unter zwei Flugstunden zu haben ist und als größte der Balearen auf kleinstem Raum versammelt, was sich sonst nur am Ende der Welt entdecken lässt – außer Orang-Utans, Eisbergen und Wüsten vielleicht. Mit einem kühlen Drink zum glühenden Sunset an der kilometerlangen Platja de Palma zu sitzen, könnte schon recht gefühlsecht zu einer Art Copacabana-Erlebnis werden, selbst eine überdimensionierte Christusstatue findet sich gleich um die Ecke. Schon die 4,5 Kilometer lange Serpentinenfahrt auf den 509 Meter hohen Klosterberg Puig de Sant Salvador bei Felanitx wird zum exotischen Erlebnis. Oben versucht sich die Klosteranlage Santuari Sant Salvador am Basteln eines stilecht brasilianischen Flairs, zumindest was gewisse Zutaten betrifft: Unwirklich ragt ein monumentales Steinkreuz in den Himmel, magisch irgendwie reckt sich eine 37 Meter hohe Christusfigur gen Wolken – sofern im klimatisch so genehmen »Malle« welche da sind. Übrigens bringt die Statue Rio de Janeiros inklusive Sockel nur einen Meter mehr auf die Beine! Sowieso hat Mallorcas Mikrokosmos eine Menge Vielfalt zu bieten: glitzernde Traumbuchten, leuchtende Sandstrände, blühende Wiesen sowie Windmühlen, Inseln und Halbinseln und natürlich sein Tramuntanagebirge, das Hikern und Bikern ein heißgeliebtes Eldora-

NACHERLEBEN

Vom »La Residencia« geht der Blick über das Berg- und Künstlerdorf Deiá in der Serra de Tramuntana. Kein Wunder, dass sich die amerikanische Schriftstellerin Anais Nin hier zu ihrem Erotikroman *Delta der Venus* inspiriert fühlte: Wer zwischen den Palmen am türkis schimmernden Pool gelandet ist, verspürt wenig Bedürfnis, den Ort der Entspannung freiwillig zu verlassen. *www.hotel-laresidencia.com*

Mallorca bietet alles: Kathedrale in Palma (oben links), El Molinars Prachtpromenade (oben rechts) und »The Long and Winding Road« bis zum Leuchtturm am Cap Formentor (unten).

JHS

do ist. Nicht zuletzt mit Valdemossa einen idyllischen Bergort mit geschichtsträchtigen Gemäuern, wo Frédéric Chopin zwischen 1838 und 1839 an der Seite seiner Geliebten, der feministischen Schriftstellerin George Sand, komponierte und musizierte. Von Valdemossa führt »A Long and Winding Road« nach Sóller und weiter bis ans Cap de Formentor, dem Nordkap Mallorcas. Die gewundene Bergroute zeigt stahlblaue See zwischen steil aufragenden Felsklötzen, dann und wann leuchten kraftstrotzende Oliven-, Orangen- und Zitronenhaine im Sonnenlicht. Am Ende der sich durchs Gestein windenden Serpentinen zum Kap thront ein schneeweißer Leuchtturm, der seit 1883 die Seefahrt warnt. Wer es bis auf die 300 Meter über dem Meer stehende Felsklippe Cap Formentor geschafft hat, darf sich wie am Kap der Guten Hoffnung fühlen, wobei es der 1859 erbaute Leuchtturm-Kollege am Kap lediglich auf 238 Meter schafft. Weitere Zutaten fallen im Vergleich mit der Exotik ferner Welten ins Gewicht: zahllose Marinas mit schaukelnden Yachten, bildschöne Promenaden mit Blick aufs Meer, Palmas Altstadt, die es mit richtigen Metropolen am Ende der Welt aufnehmen kann, sowie Kirchen und Kathedralen, verwunschene Tapasbars und historische Herbergen, in denen es sich heute ein Stück weit luxuriöser als zu Chopins und Sands Zeiten nächtigen lässt.

Die überdimensionierte Christusfigur des Klosterbergs Santuari San Salvador übertrifft alle Erwartungen.

Amazonas-Feeling im Spreewald

BEI WASSERMANN UND SCHLANGENKÖNIG

Das Labyrinth des Spreewalds mit seinen verästelten Wasserarmen, den Fließen, ist eine Art Amazonas in Brandenburg – im Sommer mit ähnlich vielen Moskitos, aber immer ohne Krokodile. Das Biosphärenreservat südöstlich von Berlin ist Deutschlands letzter Dschungel. Wissenschaftlich lässt sich seine Entstehung durch die während der Eiszeit geschmolzenen Gletscher erklären, die tiefe Gräben hinterließen. Glaubt man einer alten Sage, entstand das Netz der Fließe durch den Teufel. Er spannte seine Höllenochsen vor den Pflug und trieb sie mit wildem Peitschenknall an. Die Tiere jagten quer über die Felder und frästen tiefe Furchen in den Sumpf, die sich mit Wasser füllten: Die geheimnisvolle Landschaft des Spreewalds war geboren. Seine dunklen Wälder und die wabernden Nebel über den Wassern beflügeln die Fantasie. Wer hier lebt, braucht Schutz vor Geistern.
Dafür zuständig ist der Glücksdrache, der Plon. Die Legende besagt, dass der kleine Drache unterm Dach wohnt und mit Hirse gefüttert werden muss. Ist er zufrieden, bringt er den Bewohnern Reichtum und Glück. Bei einer Kahnfahrt sieht man an den Giebeln alter Häuser oft zwei gekreuzte Schlangen. Sie symbolisieren den Schlangenkönig, der die Bewohner schützen soll. Denn die Fließe sind tückisch. Sie sind das Reich des Wassermanns. Man erkennt ihn am nassen Saum seines Mantels. Seine schönen Töchter tanzen auf Festen, ihr Zauber ist gefährlich. Sie locken die Menschen in das Reich der Nixen. Man kennt die Geschichte: »Halb zog sie ihn, halb sank er hin.« Goethe muss im Spreewald gewesen sein ...

NACHERLEBEN

Die Magie des Spreewalds ist besonders bei Kahnfahrten in der kalten Jahreszeit zu spüren – ohne Mücken, dafür mit Sagen und Geistern. Kerzen beleuchten die Kähne zur blauen Stunde, im flackernden Licht sieht man Vögel huschen – oder den Plon. Wärmflasche und Glühwein sorgen für wohlige Wärme.
www.spreewald-info.de

Schlangenkönig und Wassermann bevölkern die Sagenwelt – und in den Nebeln über den Wassern erahnt man die Geister ...

Abenteuer urban

Frankfurts steilste »Highlights«

MAINHATTAN STATT MANHATTAN

Hochhaus-Fans und alle, die es werden wollen, müssen nicht nach New York jetten. Sie werden schon in Frankfurt am Main fündig: Hier gibt es jede Menge echte Wolkenkratzer zu sehen – von unten, von oben, von außen und von innen. Im ganzen Stadtgebiet finden sich insgesamt sogar mehr als 450 Hochhäuser, viele der höchsten stehen dicht an dicht im Finanzviertel. Durch sie besitzt Frankfurt am Main als einzige Stadt in Deutschland eine richtige Skyline, die längst als das wahre Wahrzeichen der Main-Metropole empfunden wird. Mehr als 30 Gebäude erreichen eine Höhe von über 100 Metern, darunter 17 der 18 Wolkenkratzer Deutschlands. Von Wolkenkratzern spricht man ab 150 Metern – in Frankfurt sind einige über 200 Meter hoch, der Commerzbank-Turm misst sogar 300 Meter. Einige Türme haben es auch ohne Höhenrekorde zu echter Berühmtheit gebracht – fast jeder hat wohl den Euro-Tower der Europäischen Zentralbank (EZB) im Bankenviertel mit dem übergroßen Eurozeichen davor schon in den Medien gesehen. Es weist auf die Bedeutung des Gebäudes als Sitz der Europäischen Zentralbank von 1998 bis 2014 hin. Die EZB ist 2015 in den neu erbauten Skytower, einen Turm über der alten Großmarkthalle, im Frankfurter Ostend gezogen. Im Euro-Tower residiert jetzt die europäische Bankenaufsicht.

Bei Hochhaus-Führungen kommt man in oder auf die Türme, auf eigene Faust ist das dagegen kaum möglich. Für Besucher geöffnet ist neben einem Café auch die Aussichtsplattform des Main Tower, mit grandiosem Rundumblick über Frankfurt,

NACHERLEBEN

Frankfurt von ganz oben kann man am besten vom Main Tower, Neue Mainzer Straße 52–58, erleben. Als einziges Hochhaus Frankfurts lädt es Besucher auf eine in 200 m Höhe gelegene Aussichtsplattform ein. Natürlich barrierefrei. Infos und Preise unter: ***www.maintower.de***

Hoch hinaus wächst die Stadt am Main: Türme wie der Gallileo Tower (oben links) oder der Commerzbank-Tower (oben rechts) über dem Rossmarkt gehören dazu. Den Überblick hat man vom Main Tower (unten).

JVC

den Main und die Höhenzüge in der Ferne. Mit seiner auf Kreis und Quadrat reduzierten, klaren Formensprache ist der im Jahr 2000 eröffnete Turm der Landesbank Hessen-Thüringen unverwechselbar. Das Architektenbüro Schweger hat ihn mit ausgewogenen Proportionen in Stadtbild und Skyline eingefügt: Der 200 Meter hohe Rundturm wirkt recht filigran. Ergänzt wird er von einem 170 Meter hohen Quadratturm, dessen Sockel die Höhe der ursprünglichen Bebauung vom Anfang des 20. Jahrhunderts aufgreift.

Nicht nur ganz oben gibts im Hochhausviertel was zu sehen. Das für jeden zugängliche Foyer des Commerzbank Towers eröffnet einen beeindruckenden Blick durchs transparente Atrium nach oben. Und in den unteren Geschossen des Taunus-Turms lohnt ein Ableger des New Yorker Museum of Modern Art den Besuch. Kultur ist auch im Gallileo-Hochhaus von 2003 zu entdecken: Hier befindet sich das English Theatre, das mit gut 300 Plätzen größte englischsprachige Theater in Europa außerhalb Großbritanniens. Abends zeigt sich das Gebäude in neuem Licht: Der Künstler James Turrell hat für seine Licht-Installation »Light Shaft II« rot, blau, grün und weiß leuchtende Strahler integriert, die das Gebäude bei Dunkelheit von innen heraus »glühen« lassen.

Am schönsten wirkt die Frankfurter Skyline mit den Wolkenkratzern vom Main aus.

Malta statt Las Vegas

EUROPAS SIN-CITY IST EINE INSEL

Wer bei Malta an Sonne, Meer und Kultur denkt, der liegt auf jeden Fall richtig. Aber auch Nightlife, Bars und Glücksspiel sind auf der Mittelmeerinsel zu Hause. Da Malta seine Gesetze sehr glücksspielfreundlich gestaltet, gibt es eine ganze Reihe Casinos. Nun ja, in Las Vegas sind es über 150 und hier keine zehn, aber wer gern mal ein Spielchen wagt, kommt auf jeden Fall auf seine Kosten – das gehört zum maltesischen Lifestyle dazu. Im Gegensatz zu deutschen Spielbanken ist der Casino-Besuch immer kostenlos. Manchmal gibt es Bier, Wein, Cocktails und kleine Snacks gratis, am Wochenende lockt auch Livemusik. Casino-Neulinge können also einfach reinschnuppern. Nicht mal ein Dresscode hält einen auf, nur im Badehöschen soll man bitte nicht kommen.

Passionierten Spielern bietet Malta Europas größtes Pokerturnier, das jährliche »Battle of Malta«. Berühmtheiten der Pokerszene aus aller Welt reisen an, das Hauptturnier ist mit einer Million Euro dotiert. Wer nicht zu den Pokergrößen zählt, kann bei einem kleineren Turnier dabei sein, relativ niedrige Startgelder machen es möglich. Und weil zu einem Event mit Vegas-Glamour mehr gehört als Preisgeld und Spieler, locken natürlich auch exklusive Shows die Gäste an. Maltas Casinos haben bei Kennern einen guten Ruf. Beliebt ist das Portomaso-Casino im Hilton in St. Julian's. Außer Poker gibt es hier viele Tischspiele wie Roulette oder Blackjack. Nicht weit weg lockt im Dragonara Palace das schönste Casino der Insel. Der restaurierte Hafenpalast war einst die Sommerresidenz des Bankers Marquis Emanuele Scicluna. Gäste, die nicht zum Spielen kommen, können in der Brasserie bei Drinks und gutem Essen die Atmosphäre genießen.

NACHERLEBEN

Bei den Roulette- und Pokerturnieren gibt es Veranstaltungshotels, die spezielle Packages anbieten. Wer individuell anreist, findet auf der offiziellen Internetseite jede Menge Informationen, auch zu den Casinos.
www.visitmalta.com

Malta inszeniert Glücksspiel stilvoll: Das Casino de Venezia in Birgu (oben links) und der Dragonara-Palace mit seinen Statuen zeugen davon (oben rechts und unten).

CASINO DI VENEZIA

CASINO

HOT
コーヒー Kaffee €2,50
カプチーノ Cappuccino €2,70
カフェラテ Cafe Latte €3,-
マキアート Macchiato € 3,-
エスプレッソ Espresso € 1,80
紅茶 Normal € 2,30
Earl Grey € 2,30
ココア
€ 2,30
COLD
アイスオレ Cafe au Lait €2,50
アイスティー Jap Ice Tee €2,30
アイスココア Ice Kakao €2,30
コーラ Cola €1,50
スプライト Sprite €1,50
カルピス Calpico €2,50
京都宇治茶
HOT
玉露 Gyokuro
煎茶 Sencha
cold
オプション Option
・豆乳 mit Soja Milch
・黒みつ Kuromitsu

hotel nikk
okinii
TAKAGI
Books & More
takagi-books.de
TAKAGI
高木書店
BAY
SPHERE
TOKYO
MANGA
TEA
TIME
東
BAY
SPHERE
TEA
TIME
東

Düsseldorfs Little Tokyo

KONNICHIWA: JAPAN AM RHEIN

Little Tokyo nennen Insider die Rhein-Metropole Düsseldorf. Mehr als 8000 Japaner leben hier – die größte Community in Deutschland – und prägen ein veritables »Japantown«, wo man der fernöstlichen Kultur ganz ohne Fernreise nahekommt. Hier sagt man *Konnichiwa* statt guten Tag. Wer Sehnsucht hat nach der Lebendigkeit und dem Lebensgefühl der asiatischen Megacity Tokio, wird hier fündig. Nirgendwo sonst in Europa spielt sich japanisches Leben so konzentriert in einem Viertel ab wie hier, im pulsierenden Quartier zwischen Hauptbahnhof und der Königsallee. Herz von Little Tokyo ist die Immermannstraße, wo sich das deutsch-japanische Center befindet, das Zentrum der japanischen Geschäftswelt. Im Viertel ist nicht nur die älteste japanische Buchhandlung außerhalb Japans zu Hause, es gibt auch viele gute Restaurants der japanischen Küche.

Im Stadtteil Niederkassel eröffnete in den 1990er-Jahren zudem ein Kulturzentrum: das EKŌ-Haus mit buddhistischem Tempel, japanischen Gärten und einem Haus in traditionellem Baustil mit einem Teeraum. Hier pflegen Japaner ihre Kultur und bieten Gästen die Möglichkeit, daran teilzunehmen: Sie laden zu buddhistischen Festen ein, zu Teezeremonien, Theater und Musikveranstaltungen und führen in traditionelle Künste ein. Dazu zählen etwa die Tuschemalerei, Kalligrafie und Ikebana.

Das EKŌ-Haus ist das spirituelle und kulturelle Herz der japanischen Welt in der Stadt. Wer noch mehr von ihrer Lebensart kennenlernen möchte, der sollte im Mai oder Juni zum Japan-Tag, der seit 20 Jahren am Rheinufer gefeiert wird, kommen.

NACHERLEBEN

Kulinarische Entdeckungen serviert die Themenführung »Sushi, Sake & japanischer Lifestyle«, bei der Kostproben von Sushi, Sake, Melonpan, Onigiri und japanischem Tee den Gaumen freuen. Nebenbei erfährt man einiges über japanische Traditionen – und welche Manga-Comics grade angesagt sind.
www.nrw-tourismus.de/o-duesseldors-little-tokyo

Little Tokyo in der Innenstadt Düsseldorfs ist das japanische Geschäftsviertel, das EKŌ-Haus das kulturelle Zentrum der Community.

Nizzas bunter Karneval

SO SINNLICH WIE IN RIO

Tänzerinnen in exotischen Kostümen, bunte Wagen, Musik und Tanz – der Karneval von Nizza ist neben dem von Rio und Venedig einer der größten und bekanntesten der Welt. Schon seit dem 13. Jahrhundert steht die Mittelmeer-Metropole alljährlich im Februar zwei Wochen lang im Zeichen des närrischen Treibens und begeistert mehrere Hunderttausend französische und internationale Zuschauer.

Er beginnt traditionell mit der Ankunft des »Königs« auf der Place Masséna, wo ihm die Stadt übergeben wird – damit gehört sie den Narren, der Karneval ist eröffnet. Außer der großen Karnevalsparade der geschmückten Wagen und fröhlichen Narren, dem Corso Carnavalesque, gibt es bei Dunkelheit ein Defilée mit Lichtzauber, den Corso Carnavalesque Illuminé, der besonders stimmungsvoll ist. Er findet an drei Abenden in der Woche statt. Zahlreiche Gruppen von lokalen, nationalen und internationalen Tänzern, Akrobaten und Zirkusleuten sorgen dabei für Rhythmus und Farbenpracht.

Einzigartig ist die Blumenschlacht, die *Bataille des Fleurs* – die farbenfrohste und ungewöhnlichste Parade des Karnevals: Erfunden hat sie 1876 der Gründer des Festkomitees von Nizza, Andriot Saëtone, um die Blumenproduzenten der Region zu ehren. Eine Kolonne über und über mit Blumen geschmückter Wagen defiliert vor dem Publikum, von jedem grüßen die »Blumenköniginnen« und werfen Blumen in die Menge. Ein wahrer Blütenregen ergießt sich auf die Zuschauer. Insgesamt werden hier jährlich über 20 Tonnen Mimosen an das Publikum verteilt, dazu Hunderttausende Rosen, Nelken und andere Blumen.

NACHERLEBEN

Das Karnevalsgelände, eine Art »Nissadrom« im Stadtzentrum, von der Place Masséna bis zur Promenade des Anglais, ist abgesperrt und kann nur über die Eingänge betreten werden. Tickets sollte man früh bestellen, besonders für die Blumenschlacht, und zeitig kommen. Sonst ist das Gedränge beim Einlass zu den Tribünen zu groß. ***www.nicecarnaval.com***

Höhepunkte des Karnevals in Nizza sind die Paraden in der Stadt (unten) und die legendäre Blumenschlacht an der Promenade des Anglais (oben links und rechts).

Spiegelsaal
Wir haben für
Sie geöffnet!

Berlin statt Buenos Aires

CLÄRCHEN BITTET ZUM TANGO

Berlin tanzt. Die Tango-Hauptstadt Europas schwingt im argentinischen Rhythmus. Wie in Buenos Aires sind die Milongas, die Practicas und natürlich die Tanzschulen Teil einer internationalen Tango-Welt. Wer einfach mal die Atmosphäre bei einer Milonga, einem Tanzabend, erleben will, kann sich in Clärchens Ballhaus am Prenzlauer Berg in eine ebenso fremde wie unwiderstehliche Welt versetzen lassen, die schon viele in ihren Bann gezogen hat – und oft genug nicht mehr loslässt.
In der Metropole an der Spree gibt es eine echte Szene mit Konzerten, Shows und Festivals. Die traditionelle Musik gehört dazu, die Schönheit der Bewegung, die Sinnlichkeit der Umarmung. Der Zauber des Tangos ist da zu spüren, wo die Tänzerin die Augen schließt, sich führen lässt und sich verführen lässt – zumindest für eine Tanda. Die Harmonie ist vollendet, die Figuren sind atemberaubend – hier sind Könner auf der Tanzfläche.
Doch es gibt auch die anderen Events, die queeren, bunten Tango-Abende, mit Electro- oder Neo-Tango in Locations, die es so nur in Berlin geben kann, wie das Insomnia in Tempelhof, wo Tango auf einen Club trifft, der sich sonst anderen Fantasien öffnet. Sehr viel klassischer ist die Atmosphäre im Roten und Grünen Salon in der Volksbühne am Rosa-Luxemburg-Platz in Mitte – beide zählen zu den bekanntesten Tanzsälen der Hauptstadt.
Eine weitere Adresse für Tango ist das 1910 erbaute Ballhaus Rixdorf, zwischen Kreuzberg und Neukölln. Die Festsäle des »Rix« haben eine ruhmreiche Tango-Geschichte. Es gibt sogar Livemusik – seit den frühen 2010er-Jahren gibt es ein eigenes Ensemble: das Berlin Tango Community Orchestra.

NACHERLEBEN

Für einen ersten Eindruck der Berliner Tango-Welt lohnt der Blick ins Internetmagazin tango-argentino-online.com. Verschiedene Berliner Tango-Schulen bieten Tango-Urlaube mit Kursen und Besuchen der Milongas (z. B. Mala Junta) an, Infos und aktuelle Veranstaltungen findet man unter: ***https://tango.info/berlin***

Clärchens Ballhaus in Mitte (oben) ist immer einladend, und im Tangoloft im Wedding (unten) tanzt man nicht nur nachts, sondern auch lässig am Nachmittag.

Wie in Kalifornien: Cablecars in Lissabon

RAUFRATTERN UND RUNTERGUCKEN

Die historischen Cablecars von San Francisco sind die berühmtesten Kabelstraßenbahnen der Welt. Eine Fahrt in den bunten Wagen gehört zu jeder Kalifornien-Reise. Die europäischen Verwandten gibt es in Lissabon: Die Stadt hat sehr originelle und sehr alte Standseilbahnen zu bieten. Zwar sehen sie den Straßenbahnen sehr ähnlich, werden aber als *Ascensor*, als Aufzug, bezeichnet. Das hat einen einfachen Grund: Sie fahren steil bergauf. Gebaut wurden sie Ende des 19. Jahrhunderts, um hoch gelegene Stadtteile Lissabons bequemer erreichen zu können. Denn die Pferde, die damals noch eine Art Trambahn zogen, schafften die Steigungen nicht.

NACHERLEBEN

Für ein perfektes Instagram-Foto ist der beste Platz immer vorn im Wagen. Besonders im »Bica« gibts schon mal Gerangel um die Poleposition. Die Verkehrsbetriebe CARRIS informieren über Fahrpläne, die drei »Ascensores« werden als Linie 51E (Gloria), 52E (Lavra) und 53E (Bica) bezeichnet.
www.carris.pt

Bei der ältesten und kürzesten der Standseilbahnen, dem *Ascensor do Lavra,* erreicht die Steigung unglaubliche 25 Prozent. Seit 1884 wuchtet er auf einer 186 Meter langen Strecke die Menschen durch eine spektakuläre Häuserschlucht. Für Touristen ist der *Ascensor do Lavra* ein Geheimtipp: Selten fahren mehr als eine Handvoll Leute mit, wenn die kleine Bahn den Berg hochrattert. Die bekannteste Standseilbahn ist dagegen der *Ascensor da Gloria*, der seit 1885 vom Lissabonner Praca de Restauradores abfährt. 265 Meter äußerst steile Bahnstrecke gehts bergauf bis zum Park Jardim de São Pedro de Alcântara. Oben genießt man einen großartigen Blick über die Altstadt. Die jüngste der drei Standseilbahnen ist schließlich der *Ascensor da Bica.* Er legt seit 1892 tagaus, tagein rund 260 steile Meter zwischen der Rua de São Paulo und der Oberstadt, dem *Bairro Alto*, zurück. Und damit das so bleibt, haben die Portugiesen den jüngsten ihrer *Ascensores* im Jahr 2002 zum nationalen Monument erklärt.

Sie sind Transportmittel und Denkmal, Touristenmagnet und typisch Lissabon: die Standseilbahnen Bica (oben), Gloria (unten) und Lavra.

CENSOR DA BICA

Street-Art an der Seine

KUNSTQUARTIER À LA MIAMI

Ein Spaziergang durch das 13. Arrondissement im Süden von Paris verführt zu Kunstentdeckungen: Street-Art gibt es hier schon seit den 1960er-Jahren, und längst ist in den Straßen des Stadtteils ein richtiges Open-Air-Museum entstanden. Ähnliches lässt sich sonst wohl nur in Miami finden, wo neben dem Art Deco Historic District vor allem Wynwood mit seiner Street-Art ein Kunst-Hotspot der Stadt ist. Paris zeigt sich in seinem südlichen Stadtquartier offen für die alternative Street-Art-Szene. Anfangs wurden hier Häuserwände vor allem von Künstlern gestaltet, die ihren eigenen Lebensraum gestalten wollten. Doch längst unterstützt die Stadt die Kreativen, auch andere Bereiche zu erobern. Am Boulevard Vincent Auriol, der ein wichtiges Zentrum der Street-Art ist, finden sich inzwischen 26 monumentale Arbeiten, auch dank der Galerie Itinerrance, die hinter vielen der städtischen Kunstprojekte steht.

Am Haus mit der Nummer 171 sind an der Fassade der Café-Buchhandlung Maruani ungewöhnliche Schriftzeichen zu sehen. Hier hat Cryptik, ein Calligraffiti-Künstler, ein Gedicht des Schriftstellers William Saroyan umgesetzt – mit Buchstaben, die von mittelalterlichen Handschriften inspiriert sind. In der Buchhandlung gibt es eine gedruckte Fassung, so lässt sich das Gedicht entziffern. Bei der Gelegenheit kann man sich auch drinnen niederlassen, in ein paar Büchern stöbern oder eine der süßen Torten probieren, etwa die feine Zitronen-Baiser-Torte.

Auch internationale Künstler haben den Boulevard als Raum für ihre Street-Art

NACHERLEBEN

Die Galerie Itinerrance zeigt internationale Szenekünstler, auch die, die das Viertel, insbesondere den Boulevard Vincent Auriol, mit ihren Werken neu gestaltet haben. Nr. 20 & 24, Boulevard du Général-d'Armée-Jean-Simon, Paris, 13. Arrondissement.
https://itinerrance.fr

Das Salvador-Dali-Murial an der Place Igor-Stravinsky (oben links), das Treppenbild (oben rechts) und das Obey-Fresko (unten) sind bunte Beispiele Pariser Street-Art.

entdeckt. Zwei Beispiele illustrieren die Bedeutung, die Paris in der Szene inzwischen hat: An der Fassade des Hauses 155 hat der Engländer D*Face im Jahr 2018 das 25 Meter große Porträt einer Frau in auffälligen Farben gestaltet, das den Titel »Turncoat« trägt und mit dem der Künstler seine Liebe zu Comics, einer in Frankreich sehr beliebten Kunstform, zum Ausdruck bringt.

Der aus der Skateboard-Szene stammende US-Amerikaner Shepard Fairey alias Obey thematisiert in seinem Werk die französischen Grundprinzipien Freiheit, Gleichheit und Brüderlichkeit. Shepard Fairey gilt als einer der wichtigsten Street-Art-Künstler Amerikas. Das monumentale Werk am Haus Nr. 141 des Boulevards hat er zur Unterstützung der Opfer der Anschläge vom 15. November geschaffen. Es soll dem Motto der Französischen Republik Tribut zollen. Die Worte *liberté, égalité, fraternité* (Freiheit, Gleichheit, Brüderlichkeit) umrahmen eine moderne Marianne vor dem Hintergrund einer französischen Flagge.

Eine Version dieses symbolträchtigen Werks in kleinerer Form wurde übrigens von Emmanuel Macron, dem französischen Präsidenten, für sein Büro im Elysée-Palast in Auftrag gegeben.

»Enter the vortex«: Wandgemälde des Künstlers Julien Malland – Künstlername SETH – von 2019 in der Nähe des Boulevard Vincent Auriol

Triest statt Auckland

DIE GRÖSSTE REGATTA IM MITTELMEER

Der America's Cup ist die älteste Segelregatta der Welt, benannt nach der Yacht »America«, die die Wettfahrt als Erste gewann. Die Boote zweier Yachtclubs treten dabei gegeneinander an. 2020 verteidigte Neuseeland den Cup – von den Briten »Old Mug«, bei uns spöttisch »die Kanne« genannt – in Auckland gegen den Herausforderer aus Italien. Der Yachtclub in Auckland, gegründet 1871, ist einer der ältesten der Welt. Neuseeland zählt zu den erfolgreichsten Segelnationen, in keinem anderen Land soll es mehr Boote pro Kopf geben als bei den »Kiwis«.

NACHERLEBEN

Mit Aussicht auf viele Yachten wohnt man in Portopiccolo im Falisia, einem Luxury Collection Resort & Spa. Wer nicht bei der »Barcolana« mitsegelt, kann im Resort einen Platz auf einem Beiboot buchen und so die größte Regatta der Welt vom Wasser aus verfolgen. Zum Dinner trifft man sich in Maxi's Bistrò, der Blick auf das Schloss von Duino ist hier einfach wundervoll.
www.portopiccolosistiana.it/de

Aber nicht in Auckland, sondern in Italien findet die größte Regatta der Welt statt. Triest hat es damit ins *Guinness-Buch der Rekorde* geschafft: Das Barcelona World Race bringt mehr Segler an den Start als irgendeine andere Wettfahrt weltweit. Vor der malerischen Küste vom Herzen Triests bis zum Schloss von Duino zieht die Regatta seit über 50 Jahren im Oktober Tausende von Booten und mehr als 25 000 Segler an – ein größerer Kontrast zum elitären America's Cup ist kaum möglich. Hunderttausende Zuschauer verfolgen die »Barcolana« vom Land aus. Sie ist zu einem großen Festival des Meeres geworden, das neben Partys und Segelspaß, Musik und kulinarischen Entdeckungen auch Aktivitäten zum Klimaschutz bietet. Triest ist eine Stadt, die mit dem Meer lebt. Von fast überall in der Stadt kann man es sehen. Viele Italiener nennen es das »kleine Wien am Meer«, denn die Österreicher hinterließen eine ganze Fülle von großartigen Gebäuden und Plätzen. Auch in der Küche verbindet sich das

Im Zentrum Triests schlägt das Herz der »Barcolana« und auf dem Meer unter dem Leuchtturm von Barcola (unten) segelt eine weiße Armada.

Erbe von Italien, Österreich und dem nahen Slowenien. Ein Cappuccino oder *nero*, ein kleiner Schwarzer, in einem der historischen Kaffeehäuser wie dem Caffè Tommaseo ist in Triest ein Muss – aber auch ein Ausflug in einen Landgasthof, in eine *Osmiza*, oberhalb der Stadt, um Teran-Wein, Käse und Salami zu probieren. Und im Hafen, etwa im Restaurant Pier, darf man sich natürlich den Fisch aus dem Golf nicht entgehen lassen. Da ist es wieder, das Meer. Immer zu sehen, immer zu spüren.

»Für uns Triestiner ist das Meer wie eine Piazza, der Treffpunkt für alle – und es ist die schönste Piazza der Stadt«, sagt Mitja Gialuz, der Präsident der »Barcolana«. Treffpunkt für alle, das ist auch die Startlinie der Regatta – da sind Olympiasieger und Weltmeister genauso am Start wie Sonntagssegler mit ihren Kids. Vor der Piazza dell'Unità, dem zentralen Platz der Stadt, ist während der »Barcolana« kaum ein Plätzchen zu finden. Zuschauer drängen sich auf der Promenade entlang der Bucht und verfolgen die Regatta. Manchmal pfeift ihnen dann die Bora, ein kalter Wind, um die Nase. Bora-Tage sind etwas Besonderes in Triest, vor allem in der Via della Bora. Durch die schmale Straße in der Altstadt weht der Wind nämlich besonders heftig. Ohne Bora bleibt es warm, dann ist die »Barcolana« auch im Oktober noch ein spätsommerliches Segelfest.

Abends verzaubert die »Barcolana« die Stadt – Triest feiert mit seinen Gästen auf der Piazza Unità und der Promenade.

REGISTER

BILDNACHWEIS

10, 56 shutterstock/helgafo; 12 o shutterstock/Heinemann, u shutterstock/hecke61; 15 Look/Wohner, Heinz; 17 ol shutterstock/Alex Tihonovs, or shutterstock/Anton Petrus, u shutterstock/javier candel garcia; 18 ol shutterstock/jopelka, or Look/Günther, Bayerl, u look/Heinz Wohner; 21 lo shutterstock/StockPhotoAstur, ro shutterstock/Roctrip, u shutterstock/JIAlvarez; 22 shutterstock/Eduardo Estellez; 24 ol shutterstock/Petr Bonek, or shutterstock/tzuky333, u shutterstock/Sepp photography; 27 ol shutterstock/Erik Tanghe, or shutterstock/barmalini, u Look/age fotostock; 28 shutterstock/Konmac; 30 ol Nick Despres, or lookphotos/robertharding, u Chris George Photography, 33 Nick Despres; 35 ol look/Wohner, Heinz, or und u Rheinland-Pfalz Tourismus GmbH; 36 shutterstock/maljuk; 38 o Roland Karl, u look/Konrad Wothe, 41 look/Thomas Grundner; 42 ol und u Juho Kuva, or Harri Tarvainen; 45 ol shutterstock/Klaus Vartzbed, or shutterstock/Thorsten Schier, u shutterstock/Klaus Vartzbed, 47 lookphotos/Pollex, Sylvia; 48 ol shutterstock/Aleksander Bolbot, or shutterstock/Damian Pankowiec, u Ondrej Prosicky; 51 ol Look/Brigitte Merz, or shutterstock/Ridinghood, u shutterstock/Boris Stroujko; 52 o shutterstock/PABLO ADRADA, u shutterstock/Salerno Nicolo; 55 ol slovenia.info/Cristine Sonvilla, or slovenia.info/Ciril Jazbec, u slovenia.info/Marc Graf; 58 ol shutterstock/Lois GoBe, or look/Günther Bayerl, u shutterstock/Voyagerix; 61 oberbayern.de; 62 ol shutterstock/fritz16, or shutterstock/Benny Marty, u shutterstock/Oscity; 65 ol shutterstock/Frau.Anna, or shutterstock/KatjaBartzphotographie, u shutterstock/Lucian Pavel; 66 o shutterstock/alfotokunst, u look/Hauke, Dressler; 69 ol look/Iris Kürschner, or look/Ingolf Pompe, u shutterstock/Eva Bocek; 70 ol shutterstock/trattieritratti, or shutterstock/MrG14, u shutterstock/aleksey snezhinskij; 72 shutterstock/svetikart; 75 ol BMW Group 2021/Gudrun Muschalla, or Leopold Jonas, u www.hardymutschler.de; 76 BMW_AG_2015/Gudrun Muschalla; 79 ol Faruk Pinjo, or und u Moritz Christoph Ullrich; 80 or Look/age fotostock; ol, u und 82 Hotel du Palais; 85 ol shutterstock/AngieC333, or shutterstock/Finmiki, u Seasons Agency/Jalag/Gumm, Monica; 87 ol Seasons Agency/Jalag/Selbach, Arthur F., or Look/Daniel Schoenen Fotografie, u Look/Daniel Schoenen Fotografie; 88 ol Look/Lubenow, Sabine, or Look/Wohner, Heinz, u Look/Martini, Rainer; 91 Look/Wohner, Heinz; 92 ol und u Copyright Failte Ireland 2018Fennell Photography, or Big Smoke Studio/David Sciora; 95 Gareth McCormack; 96 ol Roland Karl, or und u Walter Luttenberger Photography; 99 Look/Daniel Schoenen Fotografie; 100 shutterstock/colorfulset; 102 und 105 Look/Karl Johaentges; 106 ol S. Sander, or shutterstock/fokke baarssen, u shutterstock/Balate Dorin; 108 o shutterstock/Mkeerati, u shutterstock/footageclips; 111 ol Look/Christian Mueringer, or und u Look/Sabine Lubenow; 112 ol shutterstock/Katie Thorpe, or shutterstock/Gail Johnson, u JuliusKielaitis; 115 shutterstock/lolo ap Gwynn; 116 ol shutterstock/Wirestock Creators, or shutterstock/Igor Link, u Look/Christian Mueringer; 119 ol Roland Karl, or Look/Jalag/Klaus Bossemeyer, u Look/robertharding; 120 ol und u VisitDenmark Pressebild, or Søren F. Gammelmark; 122, 128, 166 shutterstock/colorfulset; 125 ol Look/Sabine Lubenow, or und u Look/Böttcher, Ulf; 126 Look/Christian Bäck; 129 o shutterstock/Claudio Giovanni Colombo, u shutterstock/Fattourbano; 130 shutterstock/ALE_SHOT; 133 ol Roland Karl, or shutterstock/Werner Spremberg, u shutterstock/Mike Mareen; 134 ol Look/age fotostock, or Look/Jürgen Richter, u shutterstock/Marc Lechanteur; 137 Look/Brigitte Merz; 138 ol shutterstock/Canetti, or Look/Helge Bias, u shutterstock/Yarchyk; 141 Look/Hanna Wagner; 142 o Roland Karl, u Look/ClickAlps; 145 o Die Partner GmbH, u Stadtverwaltung Görlitz; 146 Look/Zielske, H.& D.; 150 o Gerard Lallement, u Luc OLIVIER; 153 ol A.B.G., or und u VisitNorway.com/Christian Roth Christensen; 154 Ralph Tepel; 157 ol shutterstock/Joyce Nelson, or und u shutterstock/D-VISIONS; 158 o shutterstock/gnoparus, u shutterstock/yanik88; 161 o Roland Karl, u Look/Hauke Dressler; 162 Look/Rainer Mirau; 165 ol shutterstock/Ina Meer Sommer, or und u Look/Martin Siering Photography; 169 ol shutterstock/Angelina Dimitrova, or Look/Ingolf Pompe, u shutterstock/Pres Panayotov; 170 Look/Rainer Martini; 173 ol Look/age fotostock, or und u shutterstock/OleksSH; 174 o Düsseldorf Tourismus, u CC-BY-SA; 177 ol shutterstock/Photoprofi30, or shutterstock/BTWImages, u shutterstock/LongJon; 178 o PHILIP@ KOSCHEL, u Look/Elan Fleisher; 181 ol shutterstock/javarman, or shutterstock/Bruno Pereira da Silva, u shutterstock/Matyas Rehak; 182 o shutterstock/EQRoy, u Look/Hemis; 185 Look/Hemis; 187 © Studio Borlenghi/Carlo Borlenghi; 189 © Barcolana | Studio Borlenghi/Andrea Pisapia

Die Autoren

Andrea Willen ist als Reisejournalistin für überregionale Tageszeitungen, Zeitschriften und Onlinemagazine (fast) überall gewesen. Als Kunsthistorikerin liebt sie Städte, ihre Kultur und Lebendigkeit. Fasziniert ist sie auch vom Meer, von Inseln, Küsten, Schiffen. Ihr Lieblingskontinent: Europa – mit seiner unglaublichen Vielfalt.

Seit 35 Jahren produziert **Roland F. Karl** als freier Autor und Fotograf Reisegeschichten für namhafte Printmedien. Darüber hinaus ist er mit Text und Bild an zahlreichen Buchpublikationen beteiligt, wobei speziell Ozeanien, Afrika, Asien sowie Trauminseln weltweit zu seinen bevorzugten Reiseschwerpunkten zählen.

IMPRESSUM

Verantwortlich: Carola Holzer
Layout und Redaktion: Clemens Hoffmann
Repro: LUDWIG:media
Kartografie: Huber Kartografie, Heike Block
Herstellung: Alexander Knoll
Printed in Slovenia by Florjancic

★★★★★

Sind Sie mit diesem Titel zufrieden? Dann würden wir uns über ihre Weiterempfehlung freuen.
Erzählen Sie es im Freundeskreis, berichten Sie Ihrem Buchhändler, oder bewerten Sie bei Onlinekauf. Und wenn Sie Kritik, Korrekturen, Aktualisierungen haben, freuen wir uns über Ihre Nachricht an Bruckmann Verlag, Postfach 40 02 09, D-80702 München oder per E-Mail an lektorat@verlagshaus.de

Unser komplettes Programm finden Sie unter: www.bruckmann.de

In diesem Buch wird aus Gründen der besseren Lesbarkeit das generische Maskulinum verwendet. Weibliche und anderweitige Geschlechteridentitäten werden dabei ausdrücklich mitgemeint, soweit es für die Aussage erforderlich ist.

Umschlagvorderseite v.l.o.im Uhrzeigersinn: mauritius images / Alamy / RicoK; mauritius images / Alamy / JAM WORLD IMAGES; mauritius images / Alamy / Marcel Gross; mauritius images / Alamy / Goran Šafarek
Umschlagrückseite v.l.o.im Uhrzeigersinn: shutterstock/aleksey snezhinskij; Look/Rainer Martini; shutterstock/Bruno Pereira da Silva; Look/Lubenow, Sabine; shutterstock/Anton Petrus; shutterstock/Konmac; shutterstock/Mkeerati

Infanteriestraße 11a
80797 München
ISBN 978-3-7343-2541-0